死後の世界を見つめて

――キリスト者にとって「あの世」とは――

F. X. デュルウェル　著

泰阜カルメル会修道院　訳

小高　毅　監修

サンパウロ

FRANÇOIS-XAVIER DURRWELL

REGARDS CHRETIÉNS
SUR L'AU-DELÀ

Imprimi potest
Ostwald, 11 juillet 1994
M. Girardin, Supérieur Provincial C.ss.R.

Imprimatur
Strasbourg, 1er août 1994
A. Kieffer, Vicaire Général

目次

序文

このテーマを選んだのは、私ではありません。これは語るに難しいテーマです。私にこのテーマを課したのは、「『あの世』について語ってください。どう考えるべきか分からないのです」と執拗に迫る声です。それはキリスト者の声、信仰をもって教会に通っている人たちの声です。彼らは、一部の人々のように、「あの世」を知らないわけでも、否定するわけでもありません。[1] けれども、ここ数十年の間、このテーマについて、説教は控えめで、

1　ある調査（パノラマ、一九九三年十一月）によれば、フランスの実践的カトリック信者のうち、一七パーセントは、「あの世」を知らないか、否定している。「世界における宗教の現況」が、一九九四年五月十六日に発表した別の調査によれば、この数字は七パーセントに落ち着いている。

ほとんど語らず、死に直面する人間の不安に満ちた好奇心に答える務めは、多くは幻想的な、秘教文学に任せきりです。[2]

この極度の慎みは、このテーマを誇張してきたかつての説教への反動でしょうか。それはまた、かつて「最後の最後」を表現するために用いた素朴なイメージを前に、現代人が感じる戸惑いによるものでしょうか。しかしイメージが時代遅れなら、その深い真理において「あの世」を語るべきではないでしょうか。**人間の「あの世」は、人間自身の深奥**だからです。

おそらく「あの世」について、まったく、あるいはほとんど語られなくなった主な理由は、実証科学によって証明できることだけを受け入れる世俗化した、不可知論のはびこる社会の中で、「あの世」について語るのは、時流に合わないと見なされるようになったことでしょう。けれども、それだからこそ、「世と妥協してはなりません」という、聖パウロの警告に従うべきではないでしょうか。特に、本質的な信仰宣言、特にキリストの復活に関わる時は、世と妥協してはなりません。「あの世」を信じることは、復活を信じることと不可分です。

「あの世」についての沈黙の原因の中には、正当な司牧的配慮も含まれています。「あの世」を称揚し、「あの世」が試練の中にある人間にもたらす慰めについて語るなら、キリスト者を地上の務めから逸《そ》らし、貧者を諦念の中に眠らせることになるのではないか、という懸念です。人民のアヘンという、宗教に対する批判が、司牧実践に重圧をかけてきました。けれども貧しさと屈辱の中で生きる人々に対してなし得る最大の奉仕は、彼らの意識を自己の尊厳に目覚めさせ、自分が神の子であり、それゆえどんな宝石よりも価値ある者だという確信をもたらすことではないでしょうか。人間の偉大さは、その深みとその未来に、つまりその「あの世」に由来するものです。信仰の慰めについては、それを軽蔑す

2　G・マルトレの著書のタイトル『「あの世」の再発見』(Paris, Desclée, 1975) は、象徴的である。「あの世」は再発見されなければならなかった！　その後、「あの世」について、さまざまな書物が出版されてきた。私に迫る声は、「あの世」についての書物が、まだまだ必要であることを示している。

ることのできる人、あるいはそれなしで済ませることのできる人がいるとすれば、それは悲嘆のどん底に一度も沈んだことのない人、あるいは、絶望している人間に一度も関わったことのない人だけです。

キリスト者は、「私たちの内にある希望について説明する」（一ペトロ３・15参照）義務を負う者として、「あの世」を証ししなければなりません。

❖

ではどのようにこの問題に取り組むことができるでしょうか。「あの世」は、単なる人生の後の生の神秘、人間がその死後にしか入り込めない領域ではありません。「あの世」は人間存在の構成要素です。それゆえさまざまなアプローチが可能です。キリスト者には、共に探求してくださる確実なガイドが与えられています。それは「私は道である」と言われたキリストです。彼は人間の神秘の啓示そのものです。キリストは、人間は神の子であり、死を通して、神の子という真の自分自身に産み出されるのだということを教えます（第一章）。キリストは人間に啓示することを、人間の内に実現させます。死んで復活したキリストは、人間との出会いに来られ、人が彼と共に、一緒に死んで復活することができるようにしてくださいます（第二章）。

死は、すべての人にとって、その完成の決定的な段階です（第三章）。死の中で何が起きるのでしょうか。近年、その秘密を探ろうとする学問、タナトロジー（死を意味するギリシャ語のタナトスの派生語）が誕生しました。それはさまざまの学問分野から光を当てようとする総合的な学問です。

神学は、死すべき存在としての人間にとって最も荘厳な瞬間を、キリストの啓示の光によって解明するために、ほとんど何の貢献もしてきませんでした。神学者の中には、死さえも平板化し、人間は、それを知りも望みもせずに、人生に入ってくるようにそこから出ていく、そして永遠のために価値があるのは死に先立つことだけであると見なす人たちもいます。そこには神学が補充すべき重大な欠落があります。

私は死について一冊の本を出版しました。[3] たとえ大切なことでも、そのすべての要点を本書に再録することはできませんので、その本を読んでくださるよう、お願いします。本書で、より集中的に取り上げようとしているのは、イエスにおける死の意味についてです。それこそ、神が人間を死すべきものとして創造した意図を解明するものだからです。

カトリックの伝統は、死の瞬間、キリストによって「私審判」[4] が行われると語ります（第四章）。神の裁きについて、多くの人の中に定着している観念は修正されるべきです。神は罰することによって裁くのではなく、ご自分の義、すなわちご自分の聖性を授与することによって裁くのです。人間に必要なのは、自分を開いてそれを受け取ることです。伝統は、死の中で行われる聖化する裁きを煉獄と名付けました。人間は、この最後の清めを通して、永遠の聖性の中に、聖なる者として入ることができます。

死者の復活（第五章）は、現代人に受け入れ難い真理です。[5] すでに聖パウロの時代から、それを疑うキリスト者がいました。けれども死者の復活を信じることは、キリストの復活を信じることと不可分です。困難の一部は、聖パウロが「ばかばかしい」と言って退けた想像からきます。けれども誰が死者の復活について正しい観念を持つことができるでしょうか。発見に次ぐ発見の大航海時代、地図の作成者たちは、まだ開拓されていない土地の境界線の向こうを空白のまま残しておき、「知られざる地」とだけ記しました。このタイトルは、死者の復活についての章に付けてもよいかもしれません。境界線は、信仰によって描かれます。つまり、肉体的ペルソナとして、人間は、死に定められていながら、神の力によって生きることになる、と。しかしその地はまだ開拓されていません。神学は、聖書が切り開いてくれる道に沿って手探りで進んでいきます。

3　『キリスト・人間と死』邦訳（サンパウロ　二〇〇五年）。
4　『カトリック教会のカテキズム』1021項、1022項参照。
5　パノラマの調査によれば、フランスの実践的カトリック信者のうち、死者の復活を信じているのは、四四パーセントだけである。

地獄（第七章）は、不透明な神秘ですが、「あの世」についてのあらゆる考察において回避できない秘義です。この秘義にどのように近づくことができるでしょうか。この秘義を照らしてくれる光は、神は私たちの救い主であって、すべての人が救われることを望んでおられる、という真理です。ここでは、たびたび言われているように「地獄はあり得ない。神は愛だから」とは言いません。なぜなら地獄は、愛の神の観念に矛盾するものではなく、それを前提とするものだからです。しかしキリスト者は、地獄の恐ろしい可能性が、誰にとっても現実とならないように願い、働くべきです。

最終章は、天に充《あ》てられました。恐らく、そこから始めるべきであったかもしれません。なぜなら、初めにみ言葉――神が産んだ神の子、神がそのうちにご自分の天を見いだす神の子――があった（ヨハネ1・1）からです。神は御子を世に生み出すことによって、この天をご自分の被造物に開きます。すべては御子から御子に向かって造られたのですから、天から天に向かって造られたということになります。神のすべての業において、天は初めであり終わりです。最終章は最初の章――神の子である人、キリストが、人間の深い神秘として示されている――と結びつきます。

「あの世」について、極度に明晰なまなざしを与えられた若いキリスト者がいました。リジューのテレーズです。死、裁き、煉獄、天国、天的共同体について本書で述べられていることの本質は、彼女の著作のあちこちに、透明な単純で表現されています。地獄は、彼女にとっては何よりも、すべての人の救いのために働くための刺激でした。

母なる教会の中で、彼女は一人の子どもであることしか望んでいませんでした。この子どもは、教会の中で教える人々の中で偉大です。彼女の声は、優れて正しい音を響かせます。私は彼女に本書をささげます。彼女の祈りが、本書を通して、「あの世」の光が現れることを勝ち得てくださいますように。

一九九四年　復活の主日

著　者

第一章 「この世」と「あの世」

イエスの死に立ち会った人は誰もいません。見物人はたくさんいました。けれども彼らは、受刑者の最後の時を、外側から、幕の前に立って生きたのです。ドラマは幕の内側で起こっていました。兵士たちと嘲弄する者たちがカルワリオを去ると、弟子たちが、遺体を十字架から取り降ろしに来ました。おそらくこれ以上傷つけないよう細心の注意を払ったことでしょう。けれども彼らもまた、死の神秘の証人ではありませんでした。ただ御父だけが御子の死に立ち会い、御手の中に彼を抱き取りました。その抱擁において、御父は、ご自身と人類との間の契約、ご自身を御子に結ぶ契約を封印しました。

人間イエスと、その「あの世」

同じように、イエスの地上での生涯中も、彼の示す外見は、神秘を覆い隠すものでした。イエスにおいて「この世」と「あの世」は結合していました。人々はイエスの顔を見ましたが、そこに神のキリストの面を観取した者はわずかでした。その一人はペトロでした。「シモン・バルヨナ、あなたは幸いだ。あなたにこのことを現したのは、人間ではなく、わたしの天の父なのだ」（マタイ16・17）。神はペトロに預言者の眼を授けたのです。過越の日のはるか前から、ペトロはその日の曙光を見抜いていたのです。「あなたはメシア、生ける神の子です！」（マタイ16・16）。イエスが復活した後、彼はこの同じ信仰を声高く宣言しました（使徒言行録2・36）。

イエスは初めから、弟子たちを幕の内側に導き入れようとされました。「あなたがたには神の国の秘密が打ち明けられているが、外の人々には、すべてがたとえで示される。それは、『彼らが見るには見るが、認めず、聞くには聞くが、理解できず、こうして立ち帰って赦されることがない』ようになるためである」（マルコ4・11、12）。

外の人々は、ファリサイ派やヨハネの弟子たちが断食しているのに、イエスの弟子たちが断食しないと言ってとがめました。彼らは、イエスと共にメシア的婚姻が始まったこと、それゆえ断食はふさわしくないということが分からなかったのです（マルコ2・18以下）。また彼らは、弟子たちが、ラビの伝統が定めた安息日の規定に服していないと言って抗議しました。神殿での奉仕期間中、祭司たちは安息日の規定を免除されることに思い及ばなかったのです。ところが、「神殿よりも偉大なものがここにある」（マタイ12・5以下）のです。さらに彼らは、イエスの悪霊を追い出す力がどこから来ているのか見抜けず、ある人々は、「あの男は悪霊の頭ベルゼブルの力で悪霊を追い出している」（ルカ11・15）と言って中傷しました。実は、神の国の力がイエスの手を通して働いていたのです（ルカ11・21参照）。

イエスは、「あなたたちは、わたしがどこから来てどこへ行くのか、知らない。あなたたちは肉に従って裁く」（ヨハネ8・14、15）と明言し、「うわべだけで裁くのをやめ」（ヨハネ7・24）なさいと要求します。

「この世」と「あの世」の二重性は、地上の生涯中、受肉の神秘の特質でした。両者は相互に浸透し合い、切り離すことができませんでした。「内側の人々」には、誰もが目にすることのできるその同じ外見を通して、「あの世」が啓示されました。弟子の目は神秘を見抜くことができました。弟子とは「見て、信じる」[6]者です。恵みを感じ取ることのできる手は、神秘に触れることができます。「わたしたちが触れた命の言葉について……わたしたちは告げ知らせます」（一ヨハネ1・1、3参照）。したがって、弟子たちを神秘の中に導いたのは、彼らが見たこと、触れたことだったのです。イエスにおける「この世」と「あの世」の関係は、単に人性と神性の関係ではなく、この両面性は、イエスの人間性の特質でした。神の子は、地上的存在となって生き、弟子たちの眼は、誰の目にも見えることを通して、神の子をありありと見たのです。永遠の神の子が、肉体的な人間性を引き受けられたので、イエスの人間性の中に、御子の「あの世」、神的深淵があるのです。

この深淵は来るべき現実でもありました。弟子たちは、今その現存を察知している栄光が、はっきり顕現する時が来ることを予感していました。「あなたの栄光が現れるとき、一人はあなたの右に、もう一人はあなたの左に座らせてください」（マルコ10・37参照）と願

6　ヨハネ20・8、1・14、6・36、20・28以下参照。

い出たのはそのためでした。

イエスはさらに自己の完成に向かって行かなければなりません。根を上に、永遠の中に持つ人間として――イエスは、「アブラハムが生まれる前から、『わたしはある』」（ヨハネ8・58）と言うことができる神から生まれる御子として――彼はさらに永遠の誕生に向かって上昇し、自分がそうであるところのものに全くなりきり、いわば自分の「あの世」の中にすっかり吸収されなければなりません。「人の子がもといた所に上るのを見るとき、あなたがたは何と言うだろうか」（ヨハネ6・62参照）。彼はすでにそこにいます。なぜなら「わたしは上のものに属している」[7]（ヨハネ8・23）から。

深い頂上に向けての、全存在の上昇の中に、イエスの使命と真実は、その完成を見いだします。

❖

「この世」と「あの世」の二重性は、死んで復活したキリストの中で取り払われます。それはイエスの地上の人生が消失するからではなく――イエスの「この世」は、何事も破棄されず、すべては受容され、地上でこの人の「あの世」であったものの水準にまで高められます――「この世」は「あの世」の中に、いわば突破するからです。

以後、イエスはどこにおられるのでしょうか。「あなたがたは十字架につけられたナザレのイエスを捜しているが、あの方は復活なさって、ここにはおられない」（マルコ16・6）。イエスは他の所、見える世界のかなたにおられます。復活されたイエスは、アンナスにもカイアファにもピラトにも、「民全体」にも現れませんでした。「神はこのイエスを三日目に復活させ、人々の前に現してくださいました。しかし、それは民全体に対してではなく、前もって神に選ばれた証人、つまり、イエスが死者の中から復活した後、御一緒に食事を

7　ヨハネ3・13でも同じことが言われている。この節は、多くの写本で、「天から降って来た者、すなわち人の子のほかには、天に上った者はだれもいない」と記されている。

したわたしたちに対してです」(使徒言行録10・40以下)。イエスは彼との交わり(コミュニオン)に生きる人々にご自分を現します。肉体の目はもはや彼を見ることはできず、イエスが「ご自分を現す」[8]必要があります。人々をご自分の神秘との関係の中に置き、この関わりを通して、彼らの目を開かれます。「イエスが彼らにパンを与えると、彼らの目は開け、イエスだと分かった」(ルカ24・31)。イエスは彼らをご自分との交わりのうちに置くことによってご自分を現します。

ご出現において、イエスは、ご自分がおられるかなたを離れるのではありません。彼のご出現には、覆いがかかっており、初め人々はそれがイエスだとは分かりません。[9]イエスだと分かっても、弟子たちはなおも聞きたがります。「本当にあなたですか」と。しかし「彼らはそれが主であることを知っていた」(ヨハネ21・12)のです。彼らが知っていたのは、イエスが彼らを、ご自分の住まうかなたに導き入れたからです。「わたしは来て、あなたがたをわたしのもとに迎える」(ヨハネ14・3)。

「この世」と「あの世」

イエスは「あの世」におられても、不在ではありません。地上からは去ってゆかれましたが、それはこの世の中心、内的で普遍的な「あの世」となるためでした。イエスは、「わたしは去って行くが、また、あなたがたのところへ戻って来る」（ヨハネ14・28）と言われました。彼は去っても、この世に現存しておられます――別の様式で、つまりこの世の深みにおいて。なぜなら彼は御父のもとにおられ、御父と共に、世の主権を有しておられるからです（フィリピ2・9～11参照）。

創造は、創造主の永続的行為に支えられています。すべてのものは彼に由来し、彼の内

8　復活したキリストの出現物語に頻出する表現。
9　マタイ28・18、ルカ14・16、ヨハネ21・12、使徒言行録9・5。

に存続します。さて聖書はキリストについても、次のように述べます。「すべてのものは御子《みこ》によって支えられています」（コロサイ1・17）、「私たちもこの主によって存在しているのです」（一コリント8・6）。御父は、その力を通してこの世に現存されますが、この世からは完全に超越し、全くこの世に属しておられないのに対し、キリストはその人間性のゆえにこの世に属しています。キリストはこの世の主であり、この世はキリストによって支えられています。キリストは世の中心であり、深い「あの世」、目に見えない土台です。

「この世」と「あの世」の二重性は、キリストの地上での実存の特徴であり、この世の特質でもあります。キリストはこの世の深い「あの世」であり、この世は、キリストの内に、キリストに向けて創造されました。

弟子たちは非常に早くから、イエスの現存を意識するようになりましたが、それは何よりも**教会の中心において**でした。

弟子たちは知っていました。「教会における集会」（一コリント11・18参照）の中で、パンを裂くために、食卓の主人となるのは、主であることを（一コリント10・21参照）、[10] そして主との交わりにおいて、自分たちが主の内に受容されるのだということを（一コリント10・16以下）。こうして弟子たちは、キリストの体となり（一コリント12・27）、この世において目に見えるキリストとなるのです。かつてイエスにおいて目に見えていたことが、教会とその秘跡の中に移行しました。[11] 聖パウロは、共同体と各信ずる者の特徴であるこのキリスト的次元について非常に鋭い感性を持っていましたので、「キリストがわたしの内に生きておられるのです」（ガラテヤ2・20）と言うことができました。さらには、「イエス・キリストがあなたがたの内におられるということを知らないのですか」（二コリント13・5参照）と、驚かずにはいられませんでした。

10　エウカリスチアは主の食卓（一コリント10・21）、主の晩餐（一コリント11・20）。

11　聖レオ一世教皇『主の昇天についての第二の説教』、2. Sources chr.74,140「私たちの贖い主において目に見えていたものは、秘跡の中に移されました」。

弟子たちはまた、キリストの現存を、聖書とイスラエルの歴史の中に観取しました。復活された主は、「彼らの心の目を開き、聖書を悟らせました」(ルカ24・45)。キリストは、エルサレムとガリラヤにおいてだけでなく、聖書のページの中にも出現されました。聖パウロが二コリント3・5〜17で述べているとおりです。キリストを信じない人は、聖書のテキストとイスラエルの歴史の「文字」、すなわち現実の表面しか見ませんが、信ずる者は、意味と命を与える「霊」、つまり現実の深みを把握します。「霊とは主のことで」(二コリント3・17)、キリストはこの民とその聖書の実体です。[12] イスラエルの過去は、「やがて来るものの影」ですが、その実体は、キリストの体です(コロサイ2・17)。

一コリント10・4によれば、荒れ野で民を「離れずについて来た岩こそ、キリスト」でした。イサク誕生に際しての、アブラハムの笑いは、ヨハネ8・56において、キリストの日を見た太祖の喜びと解釈されています。最初の契約について語りながら、ヘブライ人への手紙は、テキストに常に二重の意味をかぶせています。地上的現実の記録として、それらは、影、素描、人の手による、数多くの、一時的な、不完全な写しですが、キリストの現実の記録として、それらは「あの世」の、真の、天の現実、写しの原型です。人の手によらない、唯一の、永遠の、完全な現実です。[13] 復活したイエスは、聖書とイスラエルの歴史にその完成をもたらしました（使徒言行録13・32以下参照）。彼はそれらを自分自身で満たすことによって、完成したのです。死んで復活したイエスは、聖書とイスラエルの深い、預言的「あの世」です。

復活したキリストの普遍的主権を信じること——「神はイエスを主とし、またメシアとなさった」（使徒言行録2・36）、「わたしは天と地の一切の権能を授かっている」（マタイ28・18）、「イエス・キリストは主である」（フィリピ2・11）——は、その宇宙的役割を認め、**全被造物の中心にキリストの現存**を観取することです。人間としてキリストは被造物の一部、その長子（コロサイ1・15）ですが、御父の権能においてその主でもあります。この世に属しながら、

12　聖アウグスティヌス『神の国』17. 11. CCL 48, 575.
13　特に、ヘブライ7・27以下、8・5、9・12～23、11・11以下参照。

創造主の権能に参与する主として（一コリント8・6）、彼はその中心に位置し、そこから創造が始まります。「万物は御子《みこ》において造られた……すべてのものは御子によって支えられています」（コロサイ1・16以下）。キリストは、私たちがその表面を見ているこの世の深層、根源であり、永遠に根源であり続ける「あの世」です。彼はご自分を「神に創造された万物の源」（黙示録3・14）であると言われます。彼は「アルファ」、源、[14] 創造のアルファベットの最初の文字、意味と調和と美を与えるお方です。[15]

キリストはそれらすべて、すなわち、万物の「あの世」であり、この世、イスラエルと教会はそこに根ざしています。キリストは受肉した神の子だからです。神は本質的に父です。神の存在は、御子に対する無限の父性の中にあります。その全活動は、聖霊の力による御子の産出の中で展開します。何をするにも、神は御子との関わりの中で、聖霊のうちにそれを実現されます。創造は、御父と御子の関わりのうちになされます。「成《な》ったもので、言《ことば》によらずに成ったものは何一つなかった」（ヨハネ1・3）。この世は、その胎内に、神秘を宿しています。それは受肉した御子であり、この世は彼において創造され支えられています。被造界は、御子の上に据えられ、神の子として存在します。神がご自分のものとされたイスラエルの民は、特別な資格で神の子で、キリストはその深い実体です。[16]「わたしの長子、それはイスラエル」（出エジプト4・22参照）。教会は、キリストの体であり、さらに特別な資格で神の子であり、キリストはまったく特別に、その深い神秘です。それは、「キリストがわたしの内に生きている」「あなたがたはキリストの内に存在している」と聖パウロが言うことができるほどです。

❖

万物がその内に創造されたキリストはまた、その**来るべき頂点**です。イスラエルは彼

14 黙示録21・6、22・13。
15 「したがって、たとえ創造と受肉がキリストの起源と歴史的出現であるとしても、まず創造があり、次に受肉があるのではない。創造の行為は本質的にキリスト的である。」F. VARILLON『神の謙遜』（1974）。
16 注7参照。

において その完成に達します。「私たちの祖先にされた約束を、神は完全に実現されました……イエスを復活させることによって」(使徒言行録13・32)。教会は、主の日に、御子との交わりに招かれています(一コリント1・9)。イエスにおいて、そして彼の過越において、すべてが成就しました(ヨハネ19・30)。初め、アルファである方は、すべてを超越し、統合する最後の文字でもあります、「わたしはアルファでありオメガである。最初の者にして、最後の者。初めであり、終わりである」。[17]

「わたしたちのために死んで復活された」(二コリント5・15)キリストは、時がその充満に達する終末的出来事です。キリストの死は、万人の死であり(二コリント5・14)、キリストの復活は死者の復活です(ローマ1・4)。[18]人間は自分の死を、キリストと共に死に(二テモテ2・11参照)、神の子の栄光のうちに生まれるよう招かれています。神は各々の人のために、復活の業を新たに繰り返すのではありません。神はすべての人を「キリストの復活の力」(フィリピ3・10)、唯一の、御ひとり子の復活の力の中に取り込むのです。

イエスの復活は、単に終末の復活に向かう最初の段階ではなく、その全体を含んでいます。「キリストの内には、満ちあふれる神性が、余すところなく、見える形をとって宿っており、あなたがたはキリストにおいて満たされているのです」（コロサイ2・9以下）。過越のキリストは、終末的充満そのものであり、人間はそれにあずかるよう呼ばれています。世界は、この充満の中に突破することになります。

受肉した御子から創造された人間、御子において、御子に向かって創造された人間もそうなります。御子は、その深みにおける人類の神秘、その見える姿の「あの世」です。キリストは人類の中心であり、人類という円はこの中心から描かれ、中心、すなわち受肉し

17　黙示録21・6、22・13。
18　ローマ1・4は、キリストの復活についてであるが、「死者の中からの復活によって……」ではなく、「死者の復活によって……力ある神の子と定められた」と訳すべきである。この前パウロ的テキストは、ユダヤ・キリスト教に由来し、初代キリスト者の信仰を表現し、イエスの復活の中に、救済史の最終的出来事である死者の復活を見ている。

たキリストとの関わりのなかで存在します。

すでに「あの世」を生きる

聖パウロは、「この世」と「あの世」の二重性の中で生きているという意識を持っていました。「外なる人──古い人（エフェソ4・22）──は衰えていくとしても、内なる人は日々新たにされていきます」（二コリント4・16）。「世の屑《くず》」（一コリント4・13）のようになっても、使徒は「一時の軽い艱難」を受け入れます。なぜなら、それは「比べ物にならないほど重みのある永遠の栄光をもたらしてくれます。私たちは見えるものではなく、見えないものに目を注ぎます。見えるものは過ぎ去りますが、見えないものは永遠に存続するからです」（二コリント4・17以下）。

人間存在は、年を経るにつれ、衰弱していきますが、それは表面上のことで、深いところでは、建てられているのです。復活の体が建設中なのです。人間は自分の内に最初のアダム――土から出た地上の祖先（一コリント15・47～49参照）、人間は彼から出た彼の子孫です――の像を宿しています。けれども人間はもう一人の祖先、天に属する（一コリント15・48）最後のアダム（一コリント15・45～47）をも知っています。人間は彼の方へ昇る彼の子孫です。彼に引き寄せられながら、彼によって生き始めます。

キリスト者の人生は、現在がたちまち過去へと消え去っていく無化する時間――「この世の有様は過ぎ去るからです」（一コリント7・31）――の中で展開されていくと同時に、充満に向かって上昇する時間に沿って展開されていきます。それは過ぎ去らない時間です。今の瞬間が空になると、未来によって埋められていきます。人間が未来によって永遠に満たされる日まで。「見えないものは永遠に存続します」（二コリント4・18）。永遠はこの人生の中で成長し続けます。

このようにキリストは、この世の「あの世」、現在であると同時に未来です。終末の復活はすでに始まっています。「死者が人の子の声を聞く時が来る。今がその時である。その声を聞いた者は生きる」（ヨハネ5・25）。同様に裁きもすでに始まっています。「今この世が裁かれる時」（ヨハネ12・31）。それはどの裁きのことでしょうか。イエスの栄光化された死の中で宣言される最後の審判のことです。散らされた神の子らを集めるという、神の最終的な計画は、すでに進行中です。「散らされた神の子たちを一つに集めるため、彼は死ななければならない」（ヨハネ11・52参照）。「地上から上げられた」イエスは、引力の中心点、万物の集合地点です（ヨハネ12・32参照）。過越において、イエスは主という名を帯びます。[19] それは終末の日の権威の称号です（一コリント1・7～9参照）。

キリストは、初めであり最後の充満です。万物がそこから流れ出、そこに向かって流れる大洋です。聖なる歴史はその未来の絶頂から始まります。見ることのできない未来は同時に最初にあったものです。人間は、キリストに向かって創造され、キリストの中にその根を持っています。キリストは、「万物の長子、万物の前に存在し、万物がそれに向かって創造された方」（コロサイ1・15以下参照）です。

イエスご自身、地上での人生において、ご自分の初めでもある未来に向かって上昇していきました。彼は神から生まれ、この神的誕生に向かって行き、死を通して、神の子として誕生の充満に達しました。「神はイエスを復活させてくださいました。……詩編の第二編にも、『あなたはわたしの子、わたしは今日あなたを産んだ』と書いてあるとおりです」（使徒言行録13・33参照）。

地上で、彼の内に見えていたものは、彼の根源から流れ出ていました。その根源に彼は上昇します。神の子の力によって、神の子の完成へと向かいます。聖霊によって御父から生まれた彼は、死を通して、誕生の充満に達します。そこで御父は聖霊の充満によって彼を復活させます（ローマ8・11）。ヘブライ人への手紙の「見えるものは、見えないものに由来する」（11・3）という言葉は、何よりもイエスに当てはまります。

19　使徒言行録2・36、ローマ10・9、フィリピ2・9〜11。

この二重性に生きていても、人間は反対方向に引き裂かれることはありません。キリストにおける生活は、補強されつつ、深みからこの二重性を少しずつ統一させます。人間の深い真実は、キリストの内に、キリストに向かって創造されたことだからです。

目に見える「この世」、「肉的な」ものは、「肉」の目で見られます。内側は、内面的な目、心の目（エフェソ１・18）によって見られます。それは深みを見る目です。そのような認識は霊的な人間の特徴で（一コリント２・15）、「一切のことを究める霊」（一コリント２・10）と共に与えられます。しかし、「自然の人は、神の霊に属する事柄を受け入れません」（一コリント２・14）。

霊の人は、キリストの特質であるすべてのことに富んでいます。「神によってあなたがたはキリスト・イエスに結ばれ、このキリストは、わたしたちにとって神の知恵となり、義と聖と贖《あがな》いとなられたのです」（一コリント１・30）。キリストは古い人に死に（ローマ６・10参照）、信ずる者もまたそうです（エフェソ４・22～24参照）。キリストは復活し、信ずる者も復活します。終末的復活はすでに始まっています（ローマ6・11参照）。復活においてキリストは聖霊によって義（聖）とされ（一テモテ3・16参照）、信ずる者もまた、キリストの復活の力によって義とされます（ローマ4・25参照）。キリストに固有の存在様式は、信ずる者に固有の存在様式となります。「あなたがたも自分は罪に対して死んでいるが、キリスト・イエスに結ばれて、神に対して生きているのだと考えなさい」（ローマ6・11）。

「あの世」は埋もれていますが、そのパン種は発酵中です。「あなたがたの命は、キリストと共に、神の内に隠されているのです。あなたがたの命であるキリストが現れるとき、あなたがたも、キリストと共に栄光に包まれて現れるでしょう」（コロサイ3・3、4）。

その時、人間は自分の深みによってのみ、生きるようになるでしょう。イエスが神の子としてのご自分の神秘によって生きておられたように。

❖

教会は、その存在の二重性を、最も自分自身である場、すなわちエウカリスチアの挙行において経験します。信ずる者は地上のある場所に集まりますが、彼らが集められるのは、キリストの体の中です。「パンは一つだから、わたしたちは大勢でも一つの体です。皆が一つのパンを分けて食べるからです」（一コリント10・17）。信ずる者は地上の時のある日、ある時刻に集まりますが、彼らがイエスに出会うのは、イエスの時、死と復活の過越の時です――これはあなたがたのために渡されるわたしのからだ――それはまた、主の日、終末的充満の日です。信ずる者の集会は、他の何らかの人間的な集会と同じように見えますが、それは、御父と御子に結ばれている教会（一テサロニケ1・1参照）を構成する、神の神秘に満ちた集会です。彼らが食するパンは、地上のパンであり、また天のパンです（ヨハネ6・32参照）。彼らが飲むぶどう酒は「大地の実り」であり、「神の国のぶどう酒」（マルコ14・25）です。彼らは自分たちが死すべきものであることを知っていますが、死の掟を免れることを確信しています。「このパンを食べる者は死ぬことはない」（ヨハネ6・50）、なぜなら彼らは復活のパンを食べるからです（ヨハネ6・54）。[20] 以上すべては、彼らの存在の二重性によるものです。

彼らはすでにキリストとの交わりのうちに生きていますが、それでも「マラナ・タ！来てください、主よ！」と祈り求めます。エウカリスチアは、キリストのパルージアの秘跡です。パルージアは現臨と来臨を同時に意味する言葉です。教会はエウカリスチアを祝いながら、自分を生かしておられる方に出会いに行きます。

20　聖イレネオ『異端反駁』4, 18, 5, Sources chr. 100, 613.
「エウカリスチアは二つのもので構成されている。一つは地上的、もう一つは天的である。こうしてエウカリスチアにあずかる私たちの体は、復活の希望を持ち、もはや朽ち果てることはない」。

第二章　キリストの来臨

「天の国は次のようにたとえられる。十人のおとめがそれぞれともし火を持って、花婿を迎えに出て行く」（マタイ25・1）。さまざまなたとえ話の中で、[21]イエスは目覚めて待っているようにと勧告しています。主人の到着まで、夜が長く思われようとも、「ともし火をともしていなさい」（ルカ12・35）。

教会はその誕生から、数十年の間、主が来られるのを熱く待ち望んでいました。「あなたがたは……わたしたちの主イエス・キリストの現れを待ち望んでいます」（一コリント1・7）。テサロニケの人々は、「偶像から離れて神に立ち帰り、……御子《みこ》が天から来られるのを待ち望むように」（一テサロニケ1・9～10）なりました。教会のまなざしは、「主の日」、すなわち主の栄光の現れの日にしっかりと向けられていました。教会はすでに主によって生きていましたので、主が来られるのは近いと思っていました。「主において喜びなさい。……主はすぐ近くにおられます」（フィリピ4・4）。

「待つ」「待望」という言葉は、当時のキリスト教の文書の中で絶え間なく繰り返されます。[22]それは永遠に続くキリスト者の姿勢の特質です。[23]信ずる者は、「祝福に満ちた希望、すなわち偉大なる神であり、わたしたちの救い主であるイエス・キリストの栄光の現れを待ち望むように教えています」（テトス2・13）。キリスト者の基本的な徳である希望の主な根拠は、私たちの主イエス・キリストの来臨です。テサロニケの信徒たちは「絶えず希望していますす」（一テサロニケ1・3参照）。再臨に対する熱い望みは、主の日に与えられる報いの基準となります（二テモテ4・8参照）。

21　マタイ24・44〜25・13、ルカ12・35〜48。
22　ローマ8・19、23、25、ガラテヤ5・5、一コリント1・7、フィリピ3・20、一テサロニケ1・10、テトス2・13、ヘブライ9・23、二ペトロ3・12以下。
23　「待つことは……優れてキリスト教的役務で、私たちの宗教のおそらく最も顕著な特徴です……」。テイヤール・ド・シャルダン "*Etre plus*"『存在の向上』（1968）。

キリストの来臨、人間の救い

希望は主のパルージア（再臨）に向けられます。なぜならその日が救いの日だからです。「主イエス・キリストが救い主として来られるのを、わたしたちは待っています」（フィリピ3・20）。キリストは、「御自分を待望している人たちに、救いをもたらすために現れてくださるのです」（ヘブライ9・27）。パルージアは、贖いの日と呼ばれます。[24] その時、人は、「体の贖い」にあずかり、完全に「神の子とされ」ます（ローマ8・23）。その時、「わたしたちも、イエスのようであるからです」（一ヨハネ4・17）、「御子《みこ》が現れるとき、御子に似た者となる」（同3・2）という言葉が実現します。

キリストのパルージアがなければ、救いもありません。なぜならパルージアがなければ、キリスト・イエスによる贖い（ローマ3・24）が人類に及ばないからです。実に、その死と復活において、キリストはそのペルソナにおいて救いとなられました。「わたしたちのために、キリストは……贖いとなられた」（一コリント1・30参照）。救いは、キリストのペルソナに属するものなので、彼自身が来てご自分を彼らに与え、ご自分のうちに成就した救いに彼らをあずからせないならば、救い主の内に閉じ込められたままで、人類に何の影響も及ぼさず、イエスは人類のために死んで復活した（二コリント5・15参照）ことにはなりません。

ここ数世紀の間、神学はパルージアの救済的意味を看過してきました。なぜなら、贖いを、イエスのペルソナの神秘として、その死と復活において成就した神秘として理解しなかったからです。この神学によれば、イエスは、代価を支払うことによって世を贖い、[25]神と人とを和解させた――彼ご自身が万人の救いとなることなく、人類のためにゆるしと永

24　エフェソ1・14、4・30、ルカ21・28、一テサロニケ1・10参照。
25　聖書が、代価を支払うというイメージを用いていることは事実である（一コリント6・20、7・23、一ペトロ1・18以下）。しかし代価を支払うのは父なる神であって、イエス・キリストにおいて人類のために自腹を切られるのである。

遠の命への権利を獲得した――ということになります。

この神学においては、すべてが過去に属する行為――正義の秤《はかり》の中に投げ込まれた苦しみの代価――によって解決されています。キリストご自身の介入はもはや必要とされず、イエスの復活さえも救済的役割を果たしません。救いの業を完成するのは教会で、教会は、「キリストの功徳を充当」し、獲得した「恵みを分配」します。こうした神学がパルージアに帰する役割は、キリストの救いを実現することではなく、反対に、キリストの功徳を充当した後、最後の審判によって救いの歴史の幕を閉じることでした。

そのような十字架の神学、過去にだけ目を向ける神学は、罪のゆるしに限定され、復活したキリストの栄光を包摂することができません。ところが、復活と結びつかないなら、死そのものは贖いの意味を失います。聖パウロはこのことを力強く証ししています（一コリント15～16章参照）。栄光化された死において、キリストはペルソナとして救いの秘義となられたのです（一コリント１・30参照）。したがって贖いは彼の内にあります（ローマ３・24参照）。

キリストのペルソナに属する救いが、人類の救いとなるためには、キリストが人類のもとに来なければなりません。救いそのものであるご自身を人類に与えるために。そのためにイエスは、「わたしは去って行くが、また、あなたがたのところへ戻って来る」（ヨハネ14・28）と言われたのです。

「キリストが復活しなかったのなら、あなたがたの信仰はむなしく、あなたがたは今もなお罪の中にあることになります」（一コリント15・17）とパウロは言います。これに倣うなら、「キリストが来て、私たちをご自分の内に引き受けないなら、私たちの希望はむなしく、私たちは罪の中にとどまることになります」と言うことができます。

イエスの過越、来臨の神秘

聖パウロは、パルージアという言葉を、キリストの最終的な顕現に限定して用いています。[26]その結果、イエスの過越と彼のパルージアは切り離され、区別されてきました。イエスの過越は、ポンティオ・ピラトの時代、教会の起源に位置づけられ、パルージアは歴史の終わりに位置づけられ、教会は過越からパルージアへと旅するもの、イエスの去ることと来ることとの間に挿入されたものとされました。実際は、過越の秘義は、それ自体としてパルージア的です。イエスは私たちのために死んで復活されました（二コリント5・15参照）。そしてその死と復活を通して、彼は来られ、ご自分のうちに実現した救いをもたらします。救いの出来事、死と復活の出来事は、キリストのこの世への来臨でもあります。キリストが私たちのために死んで復活されたというのは、ご自分の死と復活においてご自身を私たちに与えたということです。

福音書によれば、イエスは、栄光の来臨が、ご自分の死に続くことを予告されました。「稲妻《いなずま》がひらめいて、大空の端から端へと輝くように、人の子もその日に現れるからである。しかし、人の子はまず必ず、多くの苦しみを受け、今の時代の者たちから排斥されることになっている」（ルカ17・24、25）。

イエスは宣教の初めに、神の国の接近を宣言されました（マルコ1・15参照）。そして神の国は、ご自分のペルソナにおいて世に入ったことを理解させます。「しかし、わたしが神の指で悪霊を追い出しているのであれば、神の国はあなたたちのところに来ているのだ」。[27]イエスの活動によってすでに創始された神の国（神の支配）は、人の子が栄光を受ける時、力を帯びて来ることになります。[28]これが受難の後、人の子は直ちに[29]立ち上がるという予告の意味です。「人の子は多く苦しまなければならない。……そして三日後に立ち上がるだろう」（マルコ8・31参照）。人の子の来臨、パルージアが、彼の死に続きます。

26　一テサロニケ2・19、3・13、4・15、5・13。
27　ルカ11・20、17・21。
28　福音記者たちはこのように理解している。マルコ9・1で、イエスは宣言します。「ここに一緒にいる人々の中には、神の国が力にあふれて現れるのを見るまでは、決して死なない者がいる」。マタイ16・28は、ここを「人の子がその国と共に来るのを見るまでは」と解釈する。
29　「三日後に」は、正確な時間的な意味ではない（ホセア6・2参照）。それは人の子は直ちに立ち上がるだろう、という意味である。

死へのプロセスが始まる時、イエスは預言します。「あなたたちはやがて、人の子が全能の神の右に座り、天の雲に乗って来るのを見る」（マタイ26・64）。人の子の来臨、すなわち神の国の来臨が実現するのは、死を通してだからです（ダニエル7・13以下参照）。

死と復活の中で、すべてが成し遂げられます。過越の神秘は救いの充満の神秘です。もはや何ものもそれに加えられることなく、そこからすべてが流れ出ます。以後、コロサイ2・9以下によれば、満ちあふれる神性がキリストの中に見える形をとって宿り、人々はそれによって満たされるのです。そのような神性の充満に何かを付け加えることができるでしょうか。以後、イエスは「主の日」と呼ばれる終末の日の人です。[30]彼はその死と復活を通して主となられました。[31]イエスは、満ちあふれる神性を宿し、それを分かち与えるために、人々のもとに来るのです。

ご自分の死について語りながら、イエスは、「わたしは去って行くが、また、あなたがたのところへ戻って来る」（ヨハネ14・28）と言われました。彼は去るためでも、戻るためでもなく、かつて来られたことのないような仕方で来るために死ぬのです。イエスの過越はパルージア的です。「しばらくすると、あなたがたはもうわたしを見なくなるが、またしばらくすると、わたしを見るようになる」（ヨハネ16・16）とイエスは言われます。死は彼を見えなくさせますが、それは彼を啓示するためです。「わたし自身を現す」（ヨハネ14・21）。「神はこのイエスを三日目に復活させ、人々の前に現してくださいました」（使徒言行録10・40）。したがって「エピファニー（顕現、公現）」は、パルージアの別名です。[32]

すでに地上で、イエスは「来るべき方」として待たれていました。「主の名によって来るべき方はあなたでしょうか。それとも、他の方を待たなければなりませんか」（マタイ11・3）。彼は、「主の名によって来られる方に、祝福がありますように」（マタイ21・9）と歓呼されます。過越において彼はかつて以上に「来るべき方」、近くにおられ（フィリピ4・5）、

30　一コリント1・8、5・5。
31　使徒言行録2・36、ローマ10・9、フィリピ2・8〜11。
32　注45参照。

「主イエスよ、来てください」[33]と呼び求められる「主」となられました。

ヨハネ（10・36）によれば、イエスは自分を定義して、「父が聖別し、世に遣わした者」と言われます。死と栄光化の中で、聖別は完全になります（ヨハネ17・19）。派遣も完全です。「わたしはあなたがたのところへ戻って来る」（ヨハネ14・28）。栄光の死は、神のもとへの「高揚」、[34]彼を世に派遣する「復活」です。「神は御自分の僕を立て、まず、あなたがたのもとに遣わしてくださったのです」（使徒言行録3・26）。ここでも、救いの出来事は、イエスの世への来臨です。

イエスは、いつも「他者のための人」でした。そしてその死と復活において、万人のための存在[35]となられました。彼のペルソナに固有のものである死と、彼の栄光ある誕生（使徒言行録13・33）は、私たちのためのものです。「彼はわたしたちのために死んで復活されました」（二コリント5・15参照）。イエスは「わたしたちのための神の子」です。愛と交わりの霊（ローマ5・5、二コリント13・13）が彼を占領し、自分を与える者、命の泉、命を与える霊としました（一コリント15・45）。救いの来臨は、それゆえ現在的です。教会と世界の未来である方は、すでに今、現存しておられます。

それゆえ、主の日は、最後の日ですが、今日のことです。信ずる者はその光の中で生きています。「しかし、兄弟たち、あなたがたは暗闇の中にいるのではありません。ですから、主の日が、盗人《ぬすびと》のように突然あなたがたを襲うことはないのです。あなたがたはすべて光の子、昼の子だからです」（一テサロニケ5・4、5）。主の日の光は、まだ制御されているので、パルージアは経験され、かつ待ち望まれるものです。「あなたがたの内におられるキリスト（したがって現在）栄光の希望です」（コロサイ1・27参照）。主の日は、触れられるほど近く、現存しつつ、近づいているのです。「夜は更け、日は近づいた」――私たちはすでに

33　黙示録22・20、一コリント16・22参照。
34　使徒言行録2・33、5・31、フィリピ2・9。
35　注解者たちは、神と世界とに全く与えられたイエスの存在を表現するために、「pro-existence のための存在」という言葉を編み出した。

その光の中で生きています――「日中を歩むように、品位をもって歩もうではありませんか」（ローマ13・13）。パウロは主の日をすでに実感しているのですが、それは覆われた現存なので、「近い」と言うのです（フィリピ4・5参照）。その光は弟子たちを「栄光から栄光へと」変容させます（二コリント3・18参照）。教会は、自身の深い秘義をなす未来によって形成されるのです。

したがって、教会を、イエスの復活とパルージアの間に位置づけ、一方の極から他方の極へと向かっていくものとすべきではありません。教会の出発点は、初めの出会いの中にあり、そこで教会はキリストと共に復活し始めます。教会はキリストとの完全な出会い、自身の復活の完成に向かって行きます。来るべき復活したキリストとの最初の出会いの力によって、教会はキリストとの完全な交わりへと向かって行きます。教会は、キリストが自分のもとに来られる過越の秘義の中に、永遠の源泉を持っています。教会の誕生はそこで始まり、そこで完成します。

救いの神秘は、初めと終わりにあり、過越の神秘であると同時にパルージアの神秘です。パルージアは過越の秘義と一つです。パルージアは、この世に衝撃を与える過越の秘義です。

キリストの「帰還」、あるいはキリストが「戻って来られる」という表現をよく耳にしますが、これは適当な言い回しでしょうか。聖書はそのように言いません。[36]もし戻って来られるとすれば、離れ去っておられたということになります。けれどもキリストはその死と復活を通して、教会から離れ去って行かれたどころではなく、教会のもとに来られたのです。またもし戻って来られるとすれば、キリストはまだ贖いの業を成就しなかったので、それを完成するために戻らなければならなかったことになります。けれどもすべては成し遂げられ、過越の秘義は究極の救いとなりました。さらに「戻る」という言い回しは、

36　幾つかのたとえ話の中とヨハネ14・3で例外的に用いられているが、それは使われているイメージの物質性のためである。遠くへ出かけた主人は、再び現臨するためには戻って来なければならない。

キリストが地上の人生に戻るというような意味を暗示しますが、キリストは地上の人生に対しては決定的に死なれたのです（ローマ6・10参照）。

イエスが来られるというのは、戻るということではなく、ご自分のもとに来させるということです。イエスが人々にご自分を現すのは、ご自分の方へ引き寄せることを通してなのです。彼の内には、彼ら自身の意味の充満、彼ら自身の真実があります。恵みとは交わりへの招きです。「あなたがたは、主の日、神の子との交わりに招き入れられたのです」（一コリント1・9）。この招きは、創造主の招きであり、「万物は御子によって、御子のために造られました」（コロサイ1・16）という言葉を成就します。「わたしたちが、空中で主と出会うために、彼らと一緒に雲に包まれて引き上げられる」（一テサロニケ4・17参照）[37]時まで。

キリストは引き寄せることによって来られ、自分を現すことによって[38]引き寄せます。[39]イエスがご自分を現される岸辺へ、弟子たちは急いで駆けつけます（ヨハネ21・4～8参照）。彼らにご自分を現すことによって、イエスは彼らを栄光から栄光へと変容させます（二コリント3・18参照）。ご自分を全的に啓示することによって、変容が完成するまで。「御子が現れるとき、御子に似た者となる……なぜなら、その時キリストをありのままに見るからです」（一ヨハネ3・2）。「あなたがたの命であるキリストが現れるとき、あなたがたも、キリストと共に栄光に包まれて現れるでしょう」（コロサイ3・4）。

終末的顕現

新約聖書は、人の子の終末的来臨を繰り返し描写しています。[40] そこに用いられている

37　ここで聖パウロは、キリストが天の雲に乗って現れるという黙示文学的イメージを用いている。
38　聖アウグスティヌス『ヨハネによる福音書講解説教』tract. 26, 5. CCL 36, 262.
39　それゆえ教会には福音宣教の義務がある。世に向かって、キリストを聞こえるもの、見えるものとしなければならない。
40　マタイ24章、ルカ17・22〜37、一コリント15・23〜28、一テサロニケ4・16以下、黙示録1・7。

イメージは、紀元前の最後の数世紀にイスラエルで開花し始めた黙示文学に固有のものです。

「その苦難の日々の後、たちまち太陽は暗くなり、月は光を放たず、星は空から落ち、天体は揺り動かされる。そのとき、人の子の徴《しるし》が天に現れる。そして、そのとき、地上のすべての民族は悲しみ、人の子が大いなる力と栄光を帯びて天の雲に乗って来るのを見る。人の子は、大きなラッパの音を合図にその天使たちを遣わす。天使たちは、天の果てから果てまで、彼によって選ばれた人たちを四方から呼び集める」（マタイ24・29〜31）。[41]

これらのイメージは何よりも、「人の子が大いなる力と栄光を帯びて天の雲に乗って来る」（マタイ24・30）ことを表現するものです。キリストの主権は、「万物を支配下に置くことさえできる力によって」（フィリピ3・21）獲得されます。その主権はあらゆる敵対勢力に打ち勝ちます。最後の敵は死です（一コリント15・24〜28参照）。

その力は、キリストが復活において授けられた力です（ローマ10・9参照）。その力は、御父と共に被造物を支配する権能を与えます（フィリピ2・6〜11参照）。フィリピ2・9〜11のキリスト賛歌は、キリストの最終的勝利を、イエスの死と直結させます。なぜならその力は復活におけるキリストの力だからです。「キリストは、神の身分でありながら、神と等しい者であることに固執しようとは思わず、かえって自分を無にして、僕の身分になり、人間と同じ者になられました。人間の姿で現れ、へりくだって、死に至るまで、それも十字架の死に至るまで従順でした。このため、神はキリストを高く上げ、あらゆる名にまさる名をお与えになりました。こうして、天上のもの、地上のもの、地下のものがすべて、イエスの御名にひざまずき、すべての舌が、『イエス・キリストは主である』と公に宣べて、父である神をたたえるのです」。

41　これらのイメージは大部分旧約聖書から借用されている。イザヤ27・13、ダニエル7・13、ゼカリヤ2・10。ラッパが言及される箇所は、イザヤ27・13、ヨエル2・1、マタイ24・31、一コリント15・52、一テサロニケ4・16、黙示録11・15。

この主権は救済的です。贖いの死に続いて授けられたこの主権は全能の恵みです。確かに、パウロはこの勝利を凱歌の調子で描いています。「キリストはすべての敵を御自分の足の下に置くまで、国を支配されることになっているからです」。[42] しかしこの勝利は、復活の勝利、神の子イエスの命の勝利です。したがってパウロは、「キリストが来られるときに、キリストに属している人たち」（一コリント15・23）の復活についてしか語りません。

まさに主の日は、すべての日の中で最も輝かしい日です。「しかし、兄弟たち、あなたがたは暗闇の中にいるのではありません。ですから、主の日が、盗人のように突然あなたがたを襲うことはないのです」（一テサロニケ5・4）。なぜならこの日、「世の光」（ヨハネ9・5）である方が、立ち上がるからです。「現れる」と「見る」は、キリストの来臨を描くために頻繁に用いられる言葉です。「そのとき、人の子の徴が天に現れる。そして、そのとき、地上のすべての民族は……人の子が天の雲に乗って来るのを見る」（マタイ24・30）。現れて、その「日」を輝かせる徴は、人の子ご自身です。彼のペルソナが「主の日」なのです。[43]

過越の神秘は、栄光と啓示と力の神秘です。「人の子は、栄光に輝いて来る」、[44]「神はこのイエスを現してくださいました」（使徒言行録10・40）。「エピファニー」は「パルージア」の別名で、頻繁に用いられています。[45]「わたしたちの主イエス・キリストの黙示（すなわち啓示）」も同様です。[46]ペルソナにおいて最後の日の神秘である復活したイエスは、迫害者パウロの上にご自分の光線を送ります。「天からの光が彼の周りを照らした」（使徒言行録9・3）、「……神が、御心のままに、御子を私に示して、……されたとき」（ガラテヤ1・15）。[47]

42　一コリント15・25、詩編110・1参照。
43　人の子のしるしは、すでに二世紀の外典の中で、天に現れる十字架のしるしとして解釈されていた。それは正しくないと思われる。現れるのは人の子自身である。ダニエル7・13によれば、神の国は人の子のしるしのもとに来る。イエスもヨナのしるしについて語るが、それはヨナ自身に他ならない。
44　マタイ16・27、25・31。
45　一テモテ6・14、二テモテ4・1、8、テトス2・13。「彼のパルージアのエピファニー」（二テサロニケ2・8）。「キリストがご自分を現されるとき」（コロサイ3・4）。「彼が現れるとき」（一ヨハネ3・2）。
46　一コリント1・7、二テサロニケ1・7、一ペトロ1・7、13。
47　注解者たちは、ここに主の日の描写に固有の黙示的なスタイルを見る。

この光には抵抗できません。この光は反キリストを地に投げ倒します。「主イエスは……来られるときの御姿の輝かしい光で滅ぼしてしまわれます」（二テサロニケ2・8）。この光は「キリストに属している人たち」（一コリント15・23）に命を与えます。この光は「御子をありのままに見る」人々を、「御子に似た者」とします（一ヨハネ3・3参照）。信ずる者は、この地上ですでに、その初めの体験をします。「わたしたちは皆、顔の覆いを除かれて、鏡のように主の栄光を映し出しながら、栄光から栄光へと、主と同じ姿に造りかえられていきます。これは主の霊の働きによることです」（二コリント3・18）。パルージアの光は今すでに輝いていています。「あなたがたはもはや闇の中にいません。……あなたがたは光の子です」（一テサロニケ5・4以下）。けれどもこの光は、地上の人生というヴェールに覆われ、私たちの命は隠れています（コロサイ3・3参照）。パルージアの輝きはヴェールを吹き払います。「あなたがたの命であるキリストが現れるとき、あなたがたも、キリストと共に栄光に包まれて現れるでしょう」（コロサイ3・4）。

パルージアは信仰宣言（クレド）の本質的な条項です。キリストを救い主であると信じる者はだれでも、彼の来臨を信じます。キリストのうちに実現した救いは、キリストの来臨によって、世において発効します。しかし、聖書が終わりの時の荘厳な来臨の表現に用いている種々のイメージ――雲に乗って現れるキリスト、ラッパの音で集められる諸国の民、主との出会いに引き上げられる信ずる者たち（一テサロニケ4・17参照）、など――の背後には何が隠れているのでしょうか。パルージアの神秘は、イエスの死と復活の世における神秘そのものです。「あなたたちはやがて、人の子が……天の雲に乗って来るのを見る」（マタイ26・64）。一方、過越の秘義は、力の外的なデモンストレーションによって表現されません。復活した主は、「雲に乗って来られ」たでしょうか。神の国の来臨を予告するものとして、天からのしるしを求める人々を戒めてイエスは言われます。「神の国は、見える形では来ない。『ここにある』『あそこにある』と言えるものでもない。実に、神の国はあなたがたの間にあるのだ』」（ルカ17・20～21）と。パルージアは、神的な威厳を帯び、神秘的で、人間の想像を絶するものです。今すでにパルージアは始まっています。キリストは来臨し、裁きは宣告され、復活はパン種として働いています。ただし深みにおいて。けれどもその光は、地表に芽吹いていています。キリストの救いの力がどのような形のもとに隠れているか、誰が言うことができるでしょう。

結局、キリストの来臨について私たちが知っているのは次のことです。キリストは力を帯びて来られるということ。ご自分を現されることによって来られるということ。ご自分を現すことによって、世が救われるために、世をご自分のもとに引き寄せるということです。

主の日は、神秘であり、予見不可能なものです。聖書はそのことを繰り返し述べています。[48]パルージアはその最初の顕現においてすでに予見できないものでした。ご出現の物語の中では、復活された主が「ご自分を現された」という表現が常に用いられています。ご出現のイニシアチブはイエスにあり、ご出現は決して予見されませんでした。最終的なパルージアのその他の顕現様式についても同じことが言えます。その日は知られていません。それを知っていると公言する分派の人々は、傲慢すぎるか、単純すぎるかのどちらかでしょう。

パルージアの秘跡があります。エウカリスチアです。エウカリスチアは、パルージアの、まだ覆われている実現です。エウカリスチアは、パルージアが、イエスの過越とただ一つの神秘をなすものであることを証明します。なぜならエウカリスチアは、死と復活の秘跡であると同時に、来臨と現存の秘跡だからです。

❖

エウカリスチアを通して教会に現存するといっても、キリストは天を離れるわけではなく、彼は永遠に肉において死に、霊において復活しています。彼は地上に戻ることによって来るのではなく、地上のものをご自分の方に引き寄せることによって来られるのです。彼はパンとぶどう酒を、そのうちにすべてが存続する充満であるご自分の方に呼び寄せ、ご自分のうちに十全に存続させることによって、来るべき世の現実、天のパンとみ国の杯

48　マタイ24・36、4～51、25・13、一テサロニケ5・1～4、二ペトロ3・10、黙示録3・3、16・15。

に変容させます。同じように会衆をご自分に引き寄せ、彼らと一つの体となり、終末の日の交わりを開始します。「神は真実な方です。この神によって、あなたがたは神の子、わたしたちの主イエス・キリストとの交わりに招き入れられたのです」（一コリント1・9）。

エウカリスチアは日曜日に挙行されます。それは復活された主の日、彼が弟子たちの間に来臨する日（ヨハネ20・19～26）です。復活とパルージアの日として、日曜日は週の初めの日であると同時に八日目であると考えられました。日曜日が週を開き、閉じるように、復活とパルージアは、教会の歴史を開き、閉じる二つの極であるように見えても、唯一の神秘を形成するものです。ごく早くから（黙示録1・10）、日曜日は主の日と呼ばれました。その日に、イエスが主となる[49]復活と、その主権を世に認めさせるパルージアが祝われるからです。主の日はアルファでありオメガである日、過越の日でありパルージアの日です。

「その日、すなわち週の初めの日の夕方、弟子たちはユダヤ人を恐れて、自分たちのいる家の戸に鍵をかけていた。そこへ、イエスが来て真ん中に立ち、『あなたがたに平和があるように』と言われた」（ヨハネ20・19）。「イエスが来た」――「わたしは行って、戻って来る」（同14・28参照）と約束したとおり。戸が閉まっていたということは、イエスは、地上の条件が課する束縛から自由であるということです。彼は、自分のいるかなたを去らずに来られるのです。彼の出現は突然であり、そのパルージアは予測不可能です。八日後、「戸にはみな鍵がかけてあったのに、イエスが来た」（同20・26参照）。屠りの傷跡のあるイエスを見て、トマスはキリスト者の信仰告白を口にします。「私の主、私の神！」と。同じように終わりの日、刺し貫かれたキリストに向かって、「すべての者はひざまずき、すべての舌は『イエス・キリストは主である』と告白するようになります」（フィリピ2・10以下参照）。教会は、エウカリスチアを祝うたびに、これらすべてのことを体験します。エウカリスチアにおいて、世は自分の「あの世」であり未来であるキリストのうちに突破し始めます。

ヨハネは続いて湖の畔《ほとり》での出現について語ります。そこは、エウカリスチアのシンボル

49　使徒言行録2・36、ローマ10・9、フィリピ2・9〜11。

であるパンの増加の奇跡が行われた場所です。イエスは夜明けに岸辺に現れます。それは神秘的な現存で、初めはそれがイエスだとは分かりません。彼の足元に、パンの増加の奇跡を想起させるパンと魚があります。それらすべては、非常にエウカリスチア的で、主が永遠の岸辺に現れる日の朝を想起させます。主は地上的時間の波に漂う弟子たちとその収穫を引き寄せます。

エウカリスチアは、過越とパルージアの秘跡であり、「主が来られるのをひたすら待ち望むすべての人々」（二テモテ4・8参照）を一つに集めます。エウカリスチアは、彼らにパルージアを前もって、しかし影のうちに体験させます。エウカリスチアは、「主が来られるまで」（一コリント11・26）キリストを宣言します。各人は、エウカリスチアにおいて、光の中の出会い、死が出会いの幕を引き裂きに来る時に向かって準備します。

第三章　死

人間は「死に向かう存在」です。考えれば誰でもそれを意識します。生まれることによって、人は死に向かって行きます。キリスト者は、その上に、自分が御子との交わりに呼ばれていることを知っています。彼は死に向かうと同時に、キリストに向かう存在、キリストとの交わりに導き入れる死に向かう存在です。

明らかに、人は死に向かう存在以外のものではありません。人は日々、自己を実現しようとしますが、最後には無に帰します。友情の絆は、生きる喜びと生かす喜びを与えますが、最後には、それらの絆も死によって断たれます。人間のすべて、朽ちるべき肉体だけでなく、存在全体が、死の掟に服しています。「塵《ちり》にすぎないお前は塵に返る」（創世記3・19）。

人間の中に「あの世」がないなら、見えるものしかないのなら、人間は全壊します。このような死は、彼の有限性を示すだけでなく、彼の実存の不条理を明証します。朽ち果てるために生まれるというのは、不条理ではないでしょうか。「イエス・キリストなしに、死はおぞましく、人間の本性が忌み嫌う、恐るべきものです」。[50]

このように不条理な死は、神が望んだものではありません。破壊的、反創造的な死は、父であり創造主である神の仕業ではありません。「神は人間を不滅な者として創造された……しかし悪魔の妬みによって死がこの世に入った」（知恵2・23以下）。[51]「初めから人殺し」（ヨハネ8・44）である悪魔は、創造を憎みます。真に死すべき死を味わうのは、「悪魔の仲間に属する者」だけです。聖パウロも同じように、そのような死は罪の結果だと述べています（ローマ5・12）。そのような死は、自分を断罪する者に対する断罪です――「お前は死ぬことになる」（創世記2・17）。命の神から自分を引き離す者にとって、死は命の終わりです。彼は自分の内に神が蒔《ま》いた永遠の命から自分を切り離します。神は、人間を破壊するものとして、「神は死を造りませんでした」（知恵1・13参照）。

いかに悲劇的であろうと、死は、創造主の計画によれば、その見かけとは正反対のもの

50　B・パスカル「手紙」ペリエ夫妻宛て（1659.10.17）。
51　被造物としての存在　悪魔は創造の敵「偽り者であり、その父、人殺し」（ヨハネ8・44参照）。

です。なぜなら神は父として、御子との関わりのうちに創造されるからです。[52]神はご自分の被造物と、父子の契約関係に入ります。神が、父として、子である人間が死すべき者であること、死に向かって生まれる者であることを望まれるとすれば、その死は命のためのものであるはずです。なぜなら父は、殺すために産むのではなく、生かすために産むからです。したがって「義人の希望は、不滅に満ちている」（知恵3・4参照）、[53]死の中までも。

死は一方で人間の有限性の現れ、神がそこから彼を引き出したゼロ点への帰還です。このように死は人間を、被造物としての赤裸な真理、それ自体では無であるという真理に至らせます。けれども人間の真理は、神が永遠の契約を結んだ神の子としての被造物であるということです。誕生の時、人間は、それを知ることも、それを望むこともなく生まれてきます。そして死は、彼を無から存在へと移る最初の時点に引き戻します。ただしこの時は、自分の創造に自由に同意できるという恵みが与えられます。死は神が彼を完成に至らせる出発点です。それが死の偉大さです。人間は、死において、自分の父である神に同意するという、子である被造物の最高の真理に達することができます。人間の弱さの極限の時である死は、自分の完全な創造に参与できる時です。人間が神に同意を拒み、永遠の死を自分に課することもできるということは、死の悲劇的な偉大さです。イエスが死なれた

52　ヨハネ1・3、コロサイ1・15〜17。
53　したがって、人間はアダムの罪の結果、死に定められたというのは、正しくない。そのような解釈は、創世記2・17「食べると必ず死んでしまう」を文字どおりにとった結果であり、この物語の性格を誤解している。創世記2・17が、アダムが罪を犯した後で初めて死すべきものとなったことを意味するなら、エバを誘惑した後、這いまわるべきものと定められた蛇は、それ以前には足を持ち、蛇ではなかったことになる。
知恵の書によれば、「神は死を造られなかった」（1・13）、「死が世に入ったのは、悪魔の妬みによる」（2・24）。生きている者の神（1・13以下）にとって、死そのものが、義人のためには、不死性に満ちており（3・2〜4）、外見上の死にすぎない。悪魔の妬みによって世に入った「死を味わうのは、悪魔の仲間に属する者だけである」（2・24）。

聖パウロが、死の中に罪の結果を見るとき、それは罪人としての人間の死に関してのことである。ローマ5・12が、人が死すべきであるのは、ただ罪の結果としてである、という意味であるなら、「キリスト・イエスのうちにある者はもはや罪に定められることはない」（ローマ8・2）、アダムが人類から取り上げたものに勝るものを、キリストは人類に返上した（ローマ5・15〜19）、と言うことができるでしょうか。パウロ、アンティオキアの聖イグナティウス、聖キプリアヌスをはじめとする実に多くの聖人たちが、最高の恵みとして死を渇望することができたでしょうか。教会は信ずる者の死を、彼らの誕生の日として祝うことができるでしょうか。↓

のは、神の子としての死の重さの全量を、あらゆる人間の死の上に投げかけるためでした。それによって人間の死が、創造主の意志に一致し、すべての人にとって永遠の充満への入り口となるために。

イエスの死

イエスは死の意味を啓示します。彼も死すべき人間として、死に向かって生まれてきました。彼に対して、神の意志は、当然、父としての意志でした。神は死を通して彼を「完成へ」[54]と、つまり神の子の命の充満へと導こうとされました。イエスは人類の救い主であるのは、その命の充満の内においてです。死は、救い主である神の子、人間イエスの神秘の頂点です。[55]

神の子としての完成は、自分を全く神から受けることです。それは自分を産む御父への全き同意のうちにあります。死に至るまでの従順の中で、イエスは御父を通してでなければ、もはや存在しないことを受け入れ、御父に自分を委ねます。彼は地上的存在から、もう一つの、全く神の子としての存在へと過ぎ越します。つまり、父から自分を全的に受け、

したがって、生物学的な死と罪人の死を区別しなければなりません。生物学的な死は、シラ41・1〜4によれば、創造主の計画に一致しますが、罪人の死は、彼の罪によって永遠の命から、切り離されます。罪人にとって、死は本当の死です。

創世記2・17の字義どおりの解釈は、間違っているだけでなく、神に対する侮辱です。出生を理由に（例えばユダヤ人として生まれたという理由で）人間に課される死は、「人類に対する罪」と呼ばれます。それなのに神は、人間が人間として、アダムの子として生まれたという理由のために、人間を死をもって罰するのでしょうか。原罪についての観念から、イエス・キリストの神のイメージを曇らせるすべての要素を早急に除去すべきです。

54　ヘブライ2・10、5・9、7・28。

55　今なお完全には乗り越えられていない、かつて流布した神学によれば、イエスに対する神の意志は、父の意志ではなく、義の神の意志であって、それは人間が神の聖性に対して加えた侮辱を償うために、無限の償いを要求するというものであった。この理論の中で、イエスは神の御子ではなく、ただその神性のゆえに、無限の償いをもたらすことができる、神人とだけ考えられた。ここで聖霊は何の役割も演じていない。このような神学は、不十分であるばかりでなく、三位一体的ではないため、キリスト教的でさえない。↓

肉体においてまで、ただ父によってのみ生きるものとなったイエスを、父は復活させます。御子の完成は、全く神に向かう存在となることにあります（ヨハネ1・1〜18）。それは御父に向かって死ぬことの中で実現します。死はこの世から御父への過越です（ヨハネ13・1参照）。死は上昇の頂点、そこで御子が御父と出会う、神の子の頂点です。

御子の完成は、御子がすべてにおいて御父と似た者となる時（ヘブライ1・3参照）です。自分の命を与えること（ヨハネ15・13）を通して、イエスは、愛そのものである父（一ヨハネ4・8）と等しい者、全くの似姿となります。「私を見る者は父を見るのである」（ヨハネ14・9）。

イエスの完成は、最後に、「父が世に派遣した者」、全く人間である神の子となることにあります。死を通して、イエスは、人間の条件の中、受肉の究極の深みの中で、派遣の終局に達します。

死の中ですべてが、イエスのすべてが、その業のすべてが完成します（ヨハネ19・30）。彼の全存在が、自身の源泉、御父からの誕生の場に達します。「あなたは私の子、私は今日あなたを産むと、詩編の第二編に言われているように、神はイエスを復活させました」（使徒言行録13・33）。

イエスはご自分の死の神秘から決して出ることはありません。そこで御父が彼を復活させた死という頂点を決して超えず、受肉の深淵から決して上昇しません。[56] 栄光化は、神

この神学においては、死は神の義を宥めるために支払われる代価であり、イエスにとって、自身の神秘のうちに意味を持つものではない。しかし、イエスが、「キリストは、このような苦しみを受けて栄光に入るはずではなかったか」（ルカ24・26）と言われたように、死はイエスにとって、そのペルソナの完成への道である。イエスの死は、ただ人間の罪の側面からだけでなく、死の中で成就されるべき受肉の神秘の光によって見られないならば、人間の死の意味を解き明かすものではなくなる。人間の罪の側面からのみ見られたイエスの死は、人間の死を罪の罰として示すだけである。

56　人間が動植物と共有する生物学的な現実としての死は、当然超えられます。死は人間的、ペルソナ的現実として永遠化されます。ペルソナの現実としてのイエスの死の永続性は、過越の神秘の重要な側面です。私は自分のほとんどの著書の中でそれについて語ってきました。もしキリストが、栄光化する彼の死の現在性の中で永続的に生きておられないなら、死の掟に服している教会の頭ではなくなることになります。↓

の子である人間イエスの栄光を成す死から、彼を引き離しません。神性の充満は、以後、その肉体においてまで彼を満たし、その充満の受容のうちに、御父への至高の同意のうちに、すなわち死のうちに彼を永遠にとどめます。そこ、御父に向かって死ぬことにおいて、御父に向かう動きの中で、イエスは十全に受肉したみ言葉です。ヨハネによれば、イエスは、十字架上に上げられることによって、天に上げられます（ヨハネ12・32以下）。十字架は、彼の栄光の永遠の玉座です。過越の小羊は立ち、同時に屠られています。（黙示録5・6）。

死と復活は唯一の、永遠の神秘を構成します。エウカリスチアはその例証です。エウカリスチアにおいて、イエスがご自分をお与えになるのは、「渡され」、同時に復活させられたご自分の体においてです。

「わたしたちの過越の小羊としてのキリスト」（一コリント5・7参照）は、永遠に死の中で栄光化され、人類に覆いかぶさる死の闇を照らしています。過越の栄光は、イエスの死の裏面、死の意味を歌う賛歌です。「キリストのうちに、キリストを通して、苦しみと死の神秘は解明されます。キリストの福音がなければ、苦しみと死は私たちを押しつぶします」[57]。イエスは、その栄光を与える死において、創造主の計画の中に描かれているとおりに、死の意味を啓示します。なぜなら、神はすべてのものをキリストのうちに、キリストに向けて創造されるからです。死は見かけどおりのものであると同時に、その正反対のものでもあるのです。キリストにとってと同じく、人間にとって、死は神の子としての神的な召命の神秘が完成されうる瞬間です。

にもかかわらず、イエスの死は、限りなく悲劇的で、「大きな叫びと涙」（ヘブライ5・7）を伴うものでした。十字架の悲劇は、今確認したばかりの死の意味、神の子としての完成という、イエスの死と、人間の死の意味を打ち消すものでしょうか。十字架上の死は、神の子の完成に役立つどころか、それを妨げるもののように見えます。イエスにおいても、

57　第二バチカン公会議『現代世界憲章』22・6参照。
教会は、死のコミュニオンのうちにキリストと共に死ぬことができないなら、キリストの復活の中で彼に合流することができないからです。

人間のうちにおいても、死は罪の結果、罪深い人類に課せられた罰にしか見えません。そしてキリストはそれを自分の上に引き受けた、ということになります。

しばしば、次のように言われます。イエスは、世の罪を負ったために、その重荷で押しつぶされたのだ、世の罪がなければ苦しむ必要も、死ぬ必要もなかったのに。すなわち、彼自身に罪はなかったのに、他の人々のために有罪とされ、人類の贖罪の小羊として、暗闇の中に、聖なる神のみ前に追いやられ、こうして人類の罪の代価を支払ったのだ、と。

このような観点の中では、死は御子が父のもとへ移る過越（ヨハネ13・1）でも、御父のもとへ（ヨハネ17・1〜3）、地上から上げられる（ヨハネ12・32）ことでも、栄光に入る（ルカ24・26）ことでもありません。イエスはただ、他の人々の罪のため、そして他の人々に代わって死んだのであって、彼の死はイエスのペルソナの神秘の一部でも、その頂点でもない、したがって、イエスの死は真に人間的な死ではない、ということになります。なぜならすべての人において、死は彼の召命の完成だからです。イエスの死は、確かに悲劇的ではあ

ります が、人間の死に光を与えるイメージとして人間に差し出されているものです。すなわち、イエスの死から、人間が学ぶことは、死は、善意の人にとって、罰ではなく、過越の時、人間に与えられた恵みの最高の瞬間である、ということです。

イエスの死は、神に支払われる代価[58]でも、人類の罪のために受けた罰でも、彼のペルソナの外部にある現実でもありませんでした。イエスの死は何よりも、人類のための、神の子としての召命の完成にほかなりません。彼の死の悲劇性は、第一に、世の罪の大きさに由来するものではなく、何よりも、神の子としての無限の聖性に由来するものです。イエスは、この無限の聖性に同意し、自分を開かねばなりませんでした。この無限の聖性の中で、世のすべての罪は償われる、すなわち清められることができるのです。[59]一ペトロ２・

58　聖書は、「あなたがたは代価を払って買い取られた」（一コリント６・20、７・23）という。しかしその代価を払ったのは御父である。御父が人間のために自腹を切ったのであって、イエスが御父に代価を払わなければならなかったとは決して言われていない。
59　現代語の中で、償いの概念は罰の概念と混同されている。罪人が相当の罰を受けた時、過失は償われる→

24で、「十字架にかかって、自らその身にわたしたちの罪を担ってくださいました」と言われているのは、私たちの罪を背負ったとか、私たちの罪の罰を被ったとかいうことではなく、罪深い人類を引き受け、「ご自分の傷によって」、すなわち無限の聖性によって癒やした、という意味です。イエスはご自分の聖性の中に、罪深い人類を引き受けるために、無限の聖性に自分を開かなければならなかったのです。「キリストは……多くの苦しみによって従順（神の聖性の受容）を学ばれました。そして完全なものとされ（栄光化され）、すべての人々に対して、永遠の救いの源となられたのです」（ヘブライ5・9参照）。

イエスは御父の愛する子です。聖書は繰り返しこのことを述べています。[60]御父が御子を拒絶したことは一瞬たりともありませんでした。特に死の瞬間、永遠の霊の中で（ヘブライ9・14）、イエスが従順の極み、[61]愛の充満にまで（ヨハネ15・13）高められた時はなおさらです。その時、罪のないイエスは、迫害され、貧しさの極みで、神以外に、貧しい者と迫害されている者の父以外に頼るものがありませんでした。神は、罪のないイエスに世の罪を負わせるようなことはなさいません。神は決して事実に反する裁きはなさいません。イエスは神の聖なる者、神の小羊です。[62] 聖ヨハネは、彼が世の罪を「負う」とは言わず、「除く」と言っています（ヨハネ1・29）。[63] 彼はご自分の聖性によって、世の罪を除きます。イエスが罪深い人類と連帯しているのは、罪のためではなく――「彼は罪を犯さなかった」（二コ

と。聖書の中では、そして一般に昔の人々においては、償うとは、本質的に、清め、聖化し、罪によって汚れてしまったものを再び神に奉献するということを意味する。したがって罪を償うのは神の聖性である。このように「わたしたちは、民の罪を償う――聖別奉献する――憐れみ深い、忠実な大祭司を持っています」（ヘブライ2・17）。スタニスラス・リヨネ『償い』、および、拙著『父である神』（サンパウロ）参照。

60　マタイ3・17、17・5、ヨハネ1・18、3・35、5・20、コロサイ1・13。

61　ヨハネ14・31、ローマ5・19、フィリピ2・8。

62　マルコ1・24、ルカ1・35、4・34、ヨハ6・69、使徒言行録3・4、4・27、黙示録3・7。

63　これがヨハネ1・29の正しい翻訳である。神の天的小羊は、ご自分の聖性によって罪を除く。同様に、ヨハネによれば、イエスは世の光であるから、闇を追い払う。確かに、一ペトロ2・24が、イザヤ53・10を想起しつつ記しているように、「キリストは自らその身にわたしたちの罪を担われた」。しかし新約聖書に引用される旧約聖書のテキストは、新約聖書の文脈によって解釈すべきである。御父によるイエスの拒絶について語る根拠となっている他のテキストも、異なった解釈ができる（例えば、マルコ15・35と二コリント5・21）、あるいはすべきである（例えばガラテヤ3・13）。御父の愛する御子に対する不変の愛を証しするテキストに矛盾するような解釈は許されない。

リント5・21）――、神の子としての聖性においてです。「彼のうちに創造された」（コロサイ1・16）世の中に産み出されたイエスは、人類と本性を同じくする神の子、聖霊の愛のうちに万民のための神の子です。彼がこの世から御父のもとへと死んでいくのは、弱さと死のうちにあるすべての人を抱き取り、ご自分と共にこの世から神のもとへと過ぎ越させるためです。

今一度言いますが、あのような大きな苦しみの中での死の原因は、第一に罪の大きさではなく、罪深い世の救いのために受肉した神の子の偉大さです。イエスの死が限りなく痛ましいものであるのは、それが人間の死でありながら神の死であるからです。イエスの死の内に、この人を産んだ御父の神秘と、神の子である人の神秘が、全面的に展開しています。神の子は、その自由を通して、この産出の充満である死に同意し、引き受けます。イエスの死の偉大さは、神の子としての無限の栄光の中に、ご自分が入るはずの栄光の中にあります。「キリストはこれらの苦しみを受け、栄光に入るはずではなかったか」（ルカ24・26）。**イエスの死は無限の死、そのうちにすべての人が彼と共に死ぬことを可能にする無限の死**

です。

イエスはこのように死ぬことができました。彼はご自分のうちに無限の受容の原理を持っていたからです。彼はこの世から御父のもとへ行くことができる神の子でした。このような死の偉大さは、人間の罪の大きさに釣り合うものではなく（どんな罪であっても、あるいはすべての罪を合わせても無限ではありません）、キリストが入るはずの栄光に釣り合うものです。キリストは、無数の罪を滅ぼすために栄光に入らねばなりませんでした。

このような死は必然的に悲劇的とならざるを得ませんでした。人はその手の平で、大洋をすくい取ることができるでしょうか。人と神との落差はそれと比較にならないほど大きいものです。イエスは、人間的な限界の中で、自分の中に肉体的に住まいに来られる神の充満（コロサイ2・9参照）に同意しなければなりませんでした。この大洋に自分を開くためには、あらゆる感覚がいかに引き裂かれ、いかなる深さまで身をえぐられなければならなかったことでしょうか。「キリストは御子であるにもかかわらず、多くの苦しみによって従順（同意、受容）を学ばれました。そして、完全な者となられたので、御自分に従順であるすべての人々に対して、永遠の救いの源となり……」（ヘブライ5・8以下参照）。

イエスを罪に定めたのは、大祭司たちとピラトであって、御父は愛する御子を断罪しませんでした。御父は御子を「死から救った」（ヘブライ5・7参照）[64]のです。死は敵対者たちの目には、不条理な終わりに見えようとも、彼にとってはそうではありませんでした。**イエスは、死んで生まれた救い主です。ご自分の死において、彼は死の意味を啓示します**。創造主の計画に描かれているとおり――それは創造の計画であって、そこにネガティブなものは一切含まれません。

聖イレネオによれば、初めから、神のみ言葉は、「創造の中に十字架の形のもとに印刻されています」。[65]それは呪いのしるしではなく、人が死すべき者であるのは、神の子として生まれるためであることの証拠です。死においてほど、「この世」と「あの世」の相違、人間の外見とその神秘との相違を歴然とさせるものは他にありません。

イエス、神の子たちの死の仲介者

イエスは万人のために死なれました。イエスは、死に向かって生まれた人間が、死ぬことに成功できるようにしてくださいます。神の子としての永遠の命への誕生である死を、ご自分と共に死ぬことができるようにしてくださいます。

人間は自分だけでは、死ぬことに成功できません。死の中で、存在のゼロ点に帰した私が、生命の充満に至る距離を踏破できるでしょうか。私が帰着したこの無の瞬間に、創造主が私のすべてを再び抱き取ってくださらなければなりません。そうでなければ、もはや何ものでもない私は、何もできず、神の創造の業に自分を開くことさえできないでしょう。

64　『使徒言行録』の中で、ペトロはイエスの死に際しての、人間の役割と神の役割をはっきり区別している。人間は断罪し、神は栄光化する（2・23以下と36、3・14以下、4・10）。
65　『異端反駁』V, 18, 3.

生涯の間に、しばしば、神の父性を拒んできたとするなら、なおさらです。その時、私の救い主イエスよ、あなたの中に、父に向かうあなたの死の中に、私をお引き取りください！

イエスは「わたしたちのために死んで復活された」(二コリント5・15)――私たちを破壊的な死から救うために、死を神の子たちが命に入る門とすることによって。イエスは言われました。「わたしは羊の門である」(ヨハネ10・7)。また、「わたしは道であり、……わたしを通らなければ、だれも父のもとに行くことができない」(同14・6)と。洗礼の時すでに、イエスは人と出会いに来られました――「わたしたちはキリスト・イエスにおいて洗礼を受けました」[66]――人をご自分の栄光の死の中に導き入れることによって。[67]同じように、毎日の生活において、「イエスの死は、わたしたちの中に働いています」(二コリント4・10、12)。さて本番の時、実際にこの道を通り、この門をくぐる時、死の時が来ます。イエスは忠実に自分の使命を果たしてくださいます。死にゆく人と出会いに来られ(来るべき方……マタイ11・3)、この世から父のもとへ過ぎ越させてくださいます。

イエスは、ご自分のもとに来させることによって出会いに来られます。[68]彼は死と復活のご自分の神秘を離れず、ご自分のもとに引き寄せることによって出会われます。人間の地上の人生の間、彼はこのように来られました。「神は真実な方です。この神によって、あなたがたは神の子、わたしたちの主イエス・キリストとの交わりに招き入れられたのです」（一コリント1・9）。信ずる者は呼ばれて聖なる者とされます。[69]イエスは、永遠の岸辺に立って、奇跡的大漁の朝のように（ヨハネ21章）、ご自分に引き寄せることによって、死ぬ人と出会いに来られます。「キリスト・イエスに向かって死ぬことは、わたしにとって善いことです」。[70]

66　ローマ6・3、ガラテヤ3・27「唯一の体、すなわちキリストの体において洗礼を受けた」（一コリント12・13〜27）。
67　ローマ6・3〜10、コロサイ2・11以下参照。
68　本書第二章参照。
69　ローマ1・7、一コリント1・2。
70　アンティオキアの聖イグナティウス『ローマの信徒への手紙』6・1。

肉体的な死には肉体的な原因があります。しかしペルソナの現実として、人間の深みに関わる出来事として、死の原因はキリストです。人は、キリストに引き寄せられることによって、この世から父のもとへと過ぎ越すのです。「イエスが死んで復活されたと、わたしたちは信じています。神は同じように、イエスを信じて眠りについた人たちをも、イエスと一緒に導き出してくださいます」（一テサロニケ4・14）。[71] 人はイエスによって死の眠りにつき、イエスによって命に目覚めます。「主に結ばれて死ぬ人は幸いである」（黙示録14・13）。キリストによって、神の子の死の中に眠りについた人々は幸いです。

「どうしてこれほど愛している方を恐れることがありましょう」[72] とリジューのテレーズは問いました。死に先立つ出来事を恐れることはあり得ます。けれども主を愛しているのなら、死の瞬間を恐れることはあり得ません。「主が来られるのを恐れる人は、主を愛しているのでしょうか」。[73] 舟から降りて、命を落としそうになったペトロに言われたように、イエスはこの世から出る人に言います。「恐れるな。私だ！」と。彼は手を取ってご自分の方に引き寄せてくださいます（マタイ14・27〜31）。

イエスはどのようにしてご自分に引き寄せるのでしょうか。パルージア（キリストの来臨）は、エピファニー（ご自分を現すこと）です。彼は招くことによって来られ、ご自分を現すことによって招きます。[74] どのような形でご自分を現されるのでしょうか。誰がそれを言うことができましょうか。けれども彼が引き寄せるのは、ご自分を現すことによって、つまりパルージアの光によってです。

❖

キリストは救い主として出会いに来られます。彼は救いが成就する瞬間に来られます。

71　しかしこの翻訳は確実ではない。「神は……眠りについた人たちを、イエスによって、イエスと一緒に導き出してくださいます」。エルサレム・バイブル、オスティの翻訳、B. RIGAU の注解によっても、このように訳した方がよいと思われる。
72　リジューの聖テレーズ『最後の対話』。
73　聖アウグスティヌス『詩編講解』Ps 95.
74　本書第二章参照。

すなわちご自分が栄光化された死の中に来られます。存在の終局で、人は存在の終局にある主に出会います。**キリストと人は互いの死の中で出会います**。そうして人は、御父に向かって死ぬキリストと共に死ぬのです。

外目には、人はひとりで死にます。最も親しい友でさえ一緒に死ぬことはできません。けれどももこれ以上は考えられない親密さの恵みが彼に与えられます。それは、同じ一つの死を、自分の主と共に死ぬという恵みです。「次の言葉は真実です。『わたしたちは、キリストと共に死んだのなら、キリストと共に生きるようになる』」（二テモテ２・11）。

キリストとの死の交わりの中で、共に死ぬこと、キリスト者は、洗礼を受けた時から、それを習得し始めます。洗礼の時、彼はキリストの死にあずかることによって、キリストと同じ一つの存在になります。[75] よき死の旅路の糧、エウカリスチアを祝い、「渡された体」として与えられるキリストと一つの体となります。生涯を通じて、イエスの「死はわたしたちの内に働いています」（二コリント４・12参照）。こうしてキリスト者は、最高の交わりに導かれ、キリストの無限の死の淵に沈められます。

しかし他者の死、イエスの死を死ぬことは可能なことでしょうか。死は各人にパーソナルなもので、イエスの死も彼にパーソナルなものです。死は自然的には共有できません。けれどもイエスは神の子である人で、彼の死は神的で無限、宇宙的な大河ですから、すべての死に向かう存在、すなわち人類を神の方に吸引することができます。イエスが御父に向かって死ぬこと、御父の方へ彼を運ぶ動きは、御父に向かうみ言葉の、完全に受肉した動きで、永遠の聖霊の力によるものです。「キリストは、永遠の〝霊〟によって、御自身をきずのないものとして神に献げられた」（ヘブライ9・14参照）。

この無限の死の中で、キリストは全く受容そのものです。なぜなら彼を御父のもとへ運ぶ聖霊は、神の開く力、交わりの力だからです。御父に向かう死という最もパーソナルな

75　ローマ6・3〜8、コロサイ2・11。

出来事の中で、イエスは宇宙的な存在、私たちのための神の子です。彼はご自分のうちであらゆる死を成就されます。**彼はご自分の死の中で、一人ひとりの人の死を死にます**[○76]彼が万人のために死んだ万民のための救い主であるというのは、このようにして、すなわち、万人が、ご自分のうちに、ご自分と共に死ぬことができるようにすることによってなのです。「死は勝利に飲み込まれた」（一コリント15・54）――死は、神に向かう御子（ヨハネ1・2、18参照）の勝利の死の中に飲み込まれました。

人間に残されていることは、このイエスの死に抱き取られるままになることだけです。この世で、それに向けて準備する恵みが与えられています。キリスト者は日々、「ともに死ぬ」ことを成就した自分の洗礼に同意します。「イエスの死がわたしたちの内に働いています」（二コリント4・12参照）。キリストにおける究極の洗礼の時が来れば、この最後の出会いの中で、彼は全面的に同意することができるでしょう。キリストと共に御父に向かう死に身を委ねることによって。

「主に結ばれて死ぬ人は幸いである」（黙示録14・13）。同じ死の中でキリストに結ばれることほど大きな幸いがあるでしょうか。幸いは他者との交わりの中で生まれます。二者がその最もパーソナルなことの中で一つとなる死の交わり以上に親密な一致はありません。人間がこのような交わりを共にする他者とは、死の中で生まれた神の子、イエスです。死の瞬間に天は始まります。「あなたは今日わたしと一緒に楽園にいる」（ルカ23・43）。

「渡される夜」（一コリント11・23）、イエスは善き死の秘跡を制定されました。使徒パウロはエウカリスチア制定の言葉をこう記します。「あなたがたは、このパンを食べこの杯を飲むごとに、主が来られるときまで、主の死を告げ知らせるのです」（一コリント11・26）と。告げ知らされるのは、私たちの死でもあります。エウカリスチアは、教会の中へのイエスのパルージアの秘跡、その死と復活における彼との交わりのための秘跡です。エウカリス

76　ピエール・エンマニュエル『人間の顔』(Paris, Seuil, 1965) p.259.「神である人間が、ただ一人ですべて人の死を死ぬことを、つまり自分の死の中で一人一人の死を死ぬことを引き受けるとき……」。

チアは、旅路の糧を与える秘跡です。さらにエウカリスチアは、キリストとの最終的な交わり的出会いの予型、先取りです。人はエウカリスチア的な様式で死にます。エウカリスチアの交わりは、すでに生きられたこの死です。人は生涯にわたってそこへ引き込まれていきます。

リジューのテレーズは、極度に鋭い「あの世」へのまなざしに恵まれていました。彼女が死ぬために最もふさわしい典礼上の祭日について語り合っていた姉妹たちに、テレーズは答えました。「私にとっては、私の死の日が最も偉大な祭日となるでしょう」[77]と。

77　『最後の対話』の中に引用された手紙。

第四章　裁きと清め

「人間にはただ一度死ぬことと、その後に裁きを受けることが定まっている」（ヘブライ9・27）。このような見通しは恐るべきことのように思われます。自分を知る者は、聖である神のみ前で、自分が罪人であることを認めるからです。

神の裁き（義）justice＊

けれども、人間を待っている神の裁きとは、どのようなものでしょうか。地上では裁判官は有罪を宣告しますが、無実が認められれば、裁判は行う必要がないと宣言します。したがって、人間の裁きは、特に断罪することによって行われます。しかし、神の裁きは超越的で、人間の裁きとは違います。その正反対であるとさえ言えます。イエスは「わたしがこの世に来たのは、裁くためである」（ヨハネ9・39）と言いながら、「神が御子を世に遣わされたのは、世を裁くためではなく、御子によって世が救われるためである」（ヨハネ3・17）と宣言されます。神が「生きている者と死んだ者との審判者として定められた」（使徒言行録10・42）のは、復活したキリストです。ところで、このキリストは「わたしたちの罪のために死に渡され、わたしたちが義とされるために復活させられたのです」（ローマ4・25）。キリストは、私たちの罪を償うために死んだ審判者であり、義とすることによって裁く方です！　神が「裁きを行う権能を子にお与えになった。子は人の子――救い主――だからである」（ヨハネ5・27）。彼は無罪を宣言しません。すべての人は罪を犯したからです。けれども有罪を宣告しません。すべての人は、イエス・キリストにおける神の裁きによって、義とされているからです。人がその義化を受け入れるなら。

このような裁きは大いに望ましいもの、恐るべきものではなく、希望すべきものです。「私たちは、義とする裁きに希望を置き……切に待ち望んでいます」（ガラテヤ5・5）。

すでに第一の契約（旧約）において、裁く神は、救う神として自分を表します。「裁く神、

＊訳注：justice には、「裁き」と「義」の両方の意味があり、以下、どちらにもとれる場合が多い。

救いを与える神はわたしのほかにはいない」（イザヤ45・21参照）。「わたしは突如、わたしの裁きを、わたしの救いを、光のようにもたらす」（同46・13参照）。神の裁きは、制裁ではなく、命の泉です。「私はあなたの掟を愛します。あなたの裁きによってわたしを生かしてください」。[78] それは神の怒りと対照的です。[79]「わたしは主に罪を犯したので、主の怒りを負わねばならない。……主はわたしを光に導かれ、わたしは主の恵みの御業を見る」（ミカ7・9）。聖なる神、義の神は、ご自分の契約に忠実な神、貧しい者、迫害された者に心を配る神、ご自分を呼び求める者を直ちに救おうとされる神です。神が義であるというのは、このような意味です。聖性、義、忠実、救いの意志は、肩を並べて進みます。

新しい契約、神が人間に内在される受肉の時代において、この聖なる義は、人間に伝授されることによって、すなわち人間を義化することによって実現されます。それは聖化し、命を与える裁き（義）です（ローマ1・17参照）。聖パウロは、かつて神は罪が世界にはびこるままにしておかれたが、今、ご自分の聖性を注ぐことによって、力強く対抗しておられる、と言います。「このように神は忍耐してこられたが、今この時に義を示されたのは、御自分が正しい方であることを明らかにし、イエスを信じる者を義となさるためです」（ローマ3・26）。

このような裁きは、それ自体にのみ、そして人間の側の受容にのみ依拠しています。神の裁きは超越的で、人間の功徳にも、罪にも左右されません。神の裁きは、人が権利として要求しうる報いを与えることでもなければ、罪に値する罰を与えることでもありません。それは無償の、至高の、救いの賜物です。義は授与され、人を義とします。確かに、この断罪しない裁き（義）を拒絶する者は断罪されます。彼は裁き（義）の外に身を置くのですから。

78　詩編119・40、106、123。
79　「神の怒り」については、本書第七章参照。

かつて、説教と神学は、各人が死の瞬間にキリストから受けることになる裁き、私審判について語ってきましたが、今日では、ほとんど語られず、聖書で確証されている最後の審判だけが知られるようになりました。[80] しかしイエスはそのペルソナにおいて神の裁き（義）となられました。彼はその到来において神の裁きです。「わたしは裁くために来た」（ヨハネ9・39）。彼が死者と出会う時、その出会いそのものによって彼を裁きます。

けれども救い主との出会いは、救いであり、裁きは義化の宣言です。「キリストはわたしたちのために……神の義となられた」（一コリント1・30参照）。「イエスは、……わたしたちが義とされるために復活させられた」（ローマ4・25）。キリストの裁きは、ご自分の復活の力によって義とすることです。

それゆえ、善意の人よ、安心してください。あなたは「世の罪を取り除く神の小羊」（ヨハネ1・29）と一つになる出会いの中で裁かれるのです。人間の弁護者である審判者、あなたが断罪されないように、あなたのために死んだ方を、どうして恐れる必要があるでしょうか。キリストは死者を、ご自分の血によって清めることによって裁くのです。

聖書は、主を畏れるようにと勧告しています。真の畏れは、十字架の学びやで教えられます。真の畏れとは、神の憐れみ深い聖性を拒否しないこと、神がキリストにおいてもたらされた救いに身を委ねることです。十字架の学びやにおいては、「主を畏れよ」は、「神に希望を置きなさい」と言い換えられます。

煉獄と呼ばれる裁き

教会は、地上の人生の後に、人に与えられる偉大な恵みについて教えます。それは、聖なる神との交わりの中に、聖なる者として入ることができるようにする恵み、すなわち煉

80　それは最後の審判がすでに今から行われているということを忘れているからである（ヨハネ5・21～27、12・31、二テサロニケ1・5、一ペトロ4・17）。「主の日、それは裁きの日であると同時に、各自が体を離れる日である。裁きの日にすべての人に起こるであろうことが、各人において、その死の日に成就する」。

獄と呼ばれる憐れみに満ちた恵みです。

人間との出会いにおいて、キリストによって行われる裁きが、義化、聖化であるならば、私審判と煉獄は唯一の同じ現実を成していると考えることができます。

聖パウロは、み言葉の奉仕者たちが受けるはずの裁きについて語ります。それは彼ら自身と彼らの仕事がくぐり抜けることになっている火のような裁きです。「イエス・キリストという既に据えられている土台を無視して、だれもほかの土台を据えることはできません。この土台の上に、だれかが金、銀、宝石、木、草、わらで家を建てる場合、おのおのの仕事は明るみに出されます。かの日にそれは明らかにされるのです。なぜなら、かの日が火と共に現れ、その火はおのおのの仕事がどんなものであるかを吟味するからです。だれかがその土台の上に建てた仕事が残れば、その人は報いを受けますが、燃え尽きてしまえば、損害を受けます。ただ、その人は、火の中をくぐり抜けて来た者のように、救われます」（一コリント3・11〜15）。

神学者たちは、このテキストの中に、煉獄の教えの聖書的根拠を見いだしました。聖書注解者たちは、これを最後の審判に関するものと解釈しています。彼らが正しいのです。けれども神学者たちも間違っていません。聖書が「主の日」について語っていることは、規模の大きさは別として、死の瞬間に移すことができるからです。最後の裁きは、キリストの死と復活において神によって宣告されます（ヨハネ12・31参照）。その裁きは、人がキリストと決定的に出会う時に行われます。宣告は言葉ではなく、火、すなわち裁き（義）を実現する宣告です。さてこの裁きは、救うために来られる審判者の裁きであって、それは清め、聖化する裁き、スラグ（鉱滓《こうし》）を除去することで断罪する裁きです。そういうことであるなら、私審判の火と煉獄の火を区別することができるでしょうか。[81]

かつて人は、「天は上に、地獄は深い所にあるなら、煉獄はどこにあるのだろうか」と

81　私審判と煉獄の同一視については、G・マルトレ『「あの世」の再発見』(Paris, Desclée 1975)、J・ラッツィンガー『死と「あの世」』(Paris, Frayard, 1979) 参照。

問いました。煉獄は天国と地獄の間にあると考えられていました。[82] けれども煉獄は場所ではありません。人は、キリストとの交わりを通して煉獄に入ります。キリストこそが世の清めのための坩堝《るつぼ》なのです。すでにこの地上で、信ずる者は自分の衣を、小羊の赤い血の中に浸し、白くして引き上げます。[83] 死者は「イエスの過越によって清められます」。[84] 彼らは、洗礼による清めによって（一コリント6・11）身に着け始めた（ガラテヤ3・27）キリストとその聖性の着衣を成し遂げます。「義と贖いとなられた」イエスは、あらゆる清めの仲介者、死者の清めの場（煉獄）です。

煉獄の火は、死んで復活されたキリストの霊にほかなりません。なぜなら聖霊は、神の聖なる裁きのペルソナであって、神は聖霊を通して裁きを行われるからです。先駆者ヨハネは、「聖霊と火とによって、洗礼を授ける」（マタイ3・11参照）審判者を予告しました。イエスは「永遠の〝霊〟によって御自身をきずのないものとして神に献げ」（ヘブライ9・14）、人々をご自身の死の中に取り込み、聖霊の働き――その中でご自分が御父に向かって死ぬ――の中に引き入れます。イエスは人々をご自分の過越の中、聖霊の聖化するダイナミズムの中で清めます。そこはご自身が聖なる者とされ（ヨハネ17・19参照）、その中でご自身が義とされ（一テモテ3・16）、つまり神の義（聖性）に満たされ、私たちを義とするために（ローマ4・25）復活された（ローマ8・11）場です。死んでこの火の中に落ちることは幸いです。この火は清め、神の方へ引き上げます。それは神が心に注がれた愛の火です。死ぬ時、人は「愛と化す」の坩堝の中に入ります。それは徹底した自己放棄と自己贈与の場、死ぬことによって愛である御父（一ヨハネ4・8）と一つになるキリストとの交わりの場です。[85]

82　聖トマス・アクィナス『神学大全』（Suppl. 69, a. 8）参照。
83　黙示録7・14、および、ローマ5・9、ヘブライ9・14、13・12、一ヨハネ1・7参照。
84　11月2日のミサの拝領祈願。
85　リジューの聖テレーズは、キリストが煉獄であり愛が煉獄の火であることを知っていました。『詩』23参照。
「あなたの栄光を観るためには、
火を通らなければならないことを私は知っています。
私は私の煉獄のために
あなたの燃える愛を選びます。おお、私の神の御心よ」。

それで私たちは、清めの場とは何か、その火とは何かを知っています。すなわち、キリストが清めの場で、聖霊がその火です。しかし人間にとって、その人生の流れの中で、煉獄はどの時点に位置づけられるのでしょうか。確かに、地上の人生の後ですが、死の後でしょうか？

キリストが、清めとしての裁きの仲介者であるのは、その過越においてです。そして人は、各自の死において、過越のキリストとの一致に入ります。したがって、人がキリストと聖霊の中で清められるのは、死そのものの中です。死は人生の終局であり、そこで彼の召命は封印されます。死後にはもはや永遠の命に入るために踏破しなければならないいかなる領域もありません。「キリストと共に死んだのなら、キリストと共に生きるようになる」（二テモテ2・11）。移行は死の中で完遂します。人は過越の究極の交わりの中で、キリストと共にする死の中で清められます（ローマ6・10以下参照）。死において、人間は地上的時間の外にいるのですから、清めは、地上的な時間の長さで測られるものではありません。それは、神の国の聖性との隔たりによって、死の瞬間における、必要な清めの程度によって測られます。[86]

人は自己の清めに協力し、自由に同意すべきであると思われます。[87]回心しないなら、つまり恵みを受け入れないなら、罪のゆるしも、心の清めもありません。なぜなら、ゆるされなければならない罪、矯正されなければならない不完全は、消し去ればそれで済むシミのようなものではなく、ペルソナを傷つけるもので、心の回心によってしか除去されないからです。人は自分を清める恵みに同意する時、罪人であることをやめます。

86　煉獄を死そのものの中に置くことによって、私は一つの意見を提示するのであるが、これは私だけの意見ではない。それは死者のために祈るカトリックの実践に異議を唱えるものではない。これは、煉獄の存在についての教会の教えに対してなされる反論への一つの答えである。

87　かつて支配的であった法学的な神学によれば、神の正義は、罪人に対して「それ相当の罰（大罪に対しては永遠の罰を、小罪に対しては一時的な罰）を課すことを通して」、神に対してなされた侮辱に対する弁償（償い）を要求する。したがって煉獄は、人間がその罪のために受けるべきであったが、地上では受けなかった一時的な罰に服する期間として見なされる。このような見方では、人間の役割は、清められるに身を任せること、清めに同意することではなく、受動的に罰を受けることになる。

地上で煉獄の機能を果たし、死に備えさせる秘跡があります。ゆるしの秘跡です。そこでは罪のゆるしが、回心の恵みという形のもとに与えられます。人は、恵みを受け入れることによってその罪から清められ、義人とされます。

死ぬ時、人は神の賜物に自分を開くままになります。死は功徳が頂点に達する瞬間です。リジューのテレーズは、その天才的な直観によって、功徳を次のように定義しました。「功徳を積むとは……受けること、たくさん愛することです」[88]と。

清めの喜びと苦しみ

清めの場であるキリストは、御父が子供たちを住まわせる天でもあります。「神はわたしたちを、キリスト・イエスによって……共に天の王座に着かせてくださいました」（エフェソ2・6参照）。愛と清めの火である聖霊は天の喜び、キリストの神の子としての喜びです。「イエスは聖霊によって喜びにあふれて言われた。『天地の主である父よ、あなたをほめたたえます……』」（ルカ10・21）。「聖霊の喜び」は常套句です。[89]キリストは天であると同時にそこに入る門です。聖霊は天の至福であると同時に、それを享受するための清めです。

幸いな煉獄！　それは清めを通して、天の至福に導く恵みです。清めはキリストとの出会いの中、聖霊の恵みの中にあります。天は、この出会いとこの恵みの中で生きることです。

しかし清めは同時に、その至福の性格と強度のために、極度の苦しみです。「煉獄の神学者」である神秘家ジェノバの聖カタリーナは、「一方が他方を妨害することのない極度の喜びと極度の苦しみ」[90]について語っています。神の美しさが燃える矢で印刻され、「透

88　リジューの聖テレーズ『手紙』142　セリーヌ宛て（1893.7.6）。
89　本書第八章参照。
90　「煉獄の霊魂の喜びに比べられるような喜びは、天国の聖人たちの喜びを除いては、何一つありえないと思います。この喜びは霊魂に対する神の働きによって日ごとに増してゆきます。神の働きはますます増大↓

明な心に」[91]知覚されます。満たされることを望む心を愛は容赦なくえぐります。喜びと苦しみは矛盾しません。聖霊は苦しみを与える清めの火であると同時に、苦しみを和らげる生ける水です。聖霊は人を清めつつ、慰めます。

確かにこの地上から、日々の忠実さによって、恵みに自分を開いておく方がよいでしょう。死はそのような人を即刻主のみ腕の中に投げ込むでしょう。彼がどんな妨げも置かなかった恵みの力によって。彼には「煉獄を通る」必要がありません。リジューのテレーズは、神の無限の中に即刻沈みたいとの望みを抱いていました。けれども大部分の人は、そのような強い愛に身を委ねません。無限の賜物を受け入れることはたちまち心を破裂させることですから。彼らには恵みの追加が必要で、教会は彼らのために懇願し、神の憐れみはそれを与えます。

死者を助けること

他者の死に同伴できる人は誰もいません。誰も、死の瞬間に彼に助けを与えることはできません。おそらく臨終の人の手を取ることはできますが、その手は私たちの手の中で冷たくなり、死人はすでに私たちの手の届かない所に行っています。彼と私たちの間に突然、地上の生と死を分かつ深淵が広がります。彼は時間と永遠の境を超え、もはやこの世の次元にはいません。臨終の人を助けるためには、彼と共に死ぬ、しかも彼の死を死ぬ必要があります。なぜならどんな人も彼に固有の死を死ぬからです。

し、ご自分の働きを妨げるものを焼き尽くしてゆきます。この妨げとは罪の錆です。火は次第にこの錆を焼き尽くし、霊魂は神の働きかけにますます自分を開きます。……この錆は火によって焼き尽くされます。錆が焼き尽くされるにつれ、霊魂はまことの太陽にさらされます」。ジェノバの聖カタリーナ『煉獄論』第二章14（P. DEBONGNIE, Ste Catherine de Gêne.Etudes carmélitaines, DDB, 1960, p.203s.）。

91　G・マルトレ『「あの世」の再発見』（Paris, Desclée 1975）p.142.

それでも教会は死の眠りにつく自分の子どもたちを看取り、その過越に立ち合わねばなりません。教会は、その子どもたちが神と関係を維持するために必要なすべてのことに責任を負っています。そしてこの最後の清めの時におけるほど、彼らが助けを必要としている時はありません。キリスト者の人生のすべての大きな出来事は教会において祝われます。洗礼、エウカリスチア、結婚、叙階、修道誓願、などなど。最も偉大な出来事、神の国への決定的な入国が、教会の外で起こるはずがありましょうか。キリストは、その栄光の死の中で、死者と出会われます。キリストの花嫁である教会は、キリストと結ばれて、人々の死に立ち会います。キリストはいかなることも、ご自分の花嫁である教会から離れてはなさらないからです。キリストとのこの一致において、教会は人類の母であり、特に彼らの究極の誕生のための母です。

さらに聖霊、隔てを取り除き、分裂に対抗する神の交わりの霊がおられます。[92] 聖霊は彼らの心に注がれ、彼らを「互いに結びつけます」。私たちの兄弟の一人が死ぬとき、この絆は断たれるのでしょうか。私たちの友情は岸辺に残り、死を超えた人に同伴することはできないのでしょうか。もしそうなら、死は聖霊の絆を断ち切る力を持っていることになり、神の全能の力よりも強いことになります。

情け容赦のない死に対して、イエスは私たちの友情の救い主でもあります。聖霊の力によって、死に至るまで、私たちの友人たちとの交わりの仲介者です。人間の死の意味はイエスにおいて反転します。最も過酷な断絶が、もっとも親密な交わりの瞬間となります。救い主は、彼が死者たちと出会う、その出会いに私たちを参与させてくださいます。私たちが彼らと、彼らの最もパーソナルな出来事の中で、すなわち彼らの死の中で、交わることを可能にします。兄弟姉妹の死の瞬間、彼らの最後の清めの瞬間に至るまで、彼らに付き添うことを可能にします。

92　第二バチカン公会議『教会憲章』49「キリストに属するすべての人々は、キリストの霊をもち、一つの教会を構成し、キリストにおいて互いに結びついているからである」。

エウカリスチアはその確信を与えてくれます。エウカリスチアが、死者のためにささげられます。時には死後かなりたってからも追悼のためにささげられます。けれども私たちは彼の死の中で、彼に付き添うことができます。なぜなら私たちはキリストの死の中で、キリストと一致するからです。「取って食べなさい。これは渡されるわたしのからだである」――「わたしとの交わりに、わたしのいるところに入りなさい。それは世界の中心、あらゆる時の合流点である。わたしと一つのからだとなりなさい。わたしの栄光の死の中で。そこでわたしは死者と出会う。あなたから逃れ去った兄弟姉妹の手を取りなさい。そしてわたしと一緒に彼らが死を過ぎ越すのを助けなさい」。死者のためのエウカリスチアは、共同祭儀です。キリストと死者と彼の友人たちが、贖罪の死の神秘の中に集まり、死者のためにエウカリスチアをささげます。

教会はキリストの協力者、花嫁、パートナーであって、キリストは何をするにも教会と共にされ、死者と出会う時も教会と共に出会います。キリストは死に際しての人類の救い主、教会と共なる救い主であり、教会はいつでも、特に究極の誕生のための母です。

煉獄はどこに？　キリストの中にあると同時に、キリストと一致した教会の中にあります。煉獄の火である聖霊は、キリストのうちにおられると同時に、信ずる者の心にも注がれています。

聖パウロによれば、「聖なる者たちが世を裁くのです」（一コリント６・２）。キリストは死者を裁く裁き、憐れみと義化の裁きに、信ずる者を参与させます。愛する人の死によって引き起こされた苦しみの中で、神に反抗して自分を閉ざさないこと、神と死者への愛にとどまることが大切です。愛することにおいて、教会は母です。教会は愛の襞《ひだ》の中に死者を包み、死者は教会の愛の中で天に生まれます。

なぜなら教会の愛は、神の霊の愛だからです。その懐の中で、御子は生まれ、神の子どもたちも生まれます。

第五章　死者の復活

キリスト者は、「わたしは……死者の復活と来世のいのちを待ち望みます」[93]と信仰告白します。多くの人は墓を超える命を信じています。より困難なのは、死者の復活を信じることです。「信仰の創始者」（ヘブライ12・2）イエスは、死者の復活を信じていました（マタイ22・23〜32）。聖パウロは、死者の復活を自分のメッセージの中心においています。彼はイエスの復活を宣言し、イエスの福音が死者の復活の福音であることを証ししています。[94]彼の眼には、イエスの復活は、それ自体、死者の復活なのです。[95]死者の復活は、イエスの復活の必然的帰結であり、キリストの復活の中に含まれているものだからです。「主を復活させた神は、その力によってわたしたちをも復活させてくださる」。[96]死者の復活を否定することは、キリストの復活を否定することです。「死者が復活しないなら、キリストも復活しなかったはずです」（一コリント15・13）。そしてイエスの復活を否定することは、救いの福音を無に帰することです。「キリストが復活しなかったのなら、わたしたちの宣教は無駄であるし……あなたがたは今もなお罪の中にいることになります」（一コリント15・14〜17）。

人間、不死のペルソナ

墓を超える命を信じることは、人間についての一定のヴィジョンを前提とします。ギリシャ哲学は、人間を二つの実体に分け、その二つの実体の区別の上に、この信念を基礎づけました。すなわち一つは物質的で朽ち果てる実体である肉体、他方は非物質的で不朽の実体である魂です。魂は、死の蝕手を免れ、自分を虜にしていた肉体を離れて自由になっ

93　ニケア・コンスタンチノープル信条。国際神学委員会編「終末論に関する最近の問題」（1993）は注目すべき資料である。最近のかなり広まっている神学の考え方（本書注123参照）に反対して、委員会は、聖書と聖伝に忠実に、死者の復活を時の終わりに位置づける。本章はその教えに完全に一致している。しかし委員会が根拠としているのは、人間学、すなわち「分離した魂」で、それは聖書の教えに一致していない。本章は、死者の復活を、「神学の魂である」（『啓示憲章』24）として聖書の考え方に忠実に理解することを目指している。

94　ローマ1・4、および本書第一章注18、使23・6、24・15、21参照。

95　ローマ1・4において、イエスの復活は死者の復活と呼ばれている。

96　一コリント6・14、ローマ8・11、二コリント4・14。

て生き続けます。このような不死性は、人間性にのみ由来し、神の介入を必要としません。復活信仰は、このような人間観とは無縁のものです。

聖書はそれとは別のヴィジョンを示します。聖書のヴィジョンにおいては、人間は不可分の一つの実体です。[97]人間は全体的に死にますが、命と死の主である神は、「次の世にふさわしいと判断された人々」（ルカ20・35）を復活させてくださいます。復活を否定するサドカイ派の人々に対して、イエスは答えます。「アブラハムの神、イサクの神、ヤコブの神は……死者たちの神ではなく生きている者たちの神である。すべての人は神によって生きているからである」（ルカ20・37以下）。

神はこの人たちと契約関係に入ります。「わたしの僕イスラエルよ。わたしの選んだヤコブよ。わたしの愛する友アブラハムの末よ」。[98]神は彼らを決して破棄されない契約のパートナーとされました。死の掟に服していても、彼らは神によって生きています。

イエスはご自分の弟子についてはっきり言われます。彼らは生きる、復活して生きることになる、なぜなら彼らは私の弟子だから、と。「わたしをお遣わしになった方の御心とは、わたしに与えてくださった人を一人も失わないで、終わりの日に復活させることである」（ヨハネ6・39）。彼らの不死性の根拠は、人間の構成要素としての非物質的な魂ではなく、イエス・キリストにおける神とのパーソナルな関係です。「（わたしの羊たち）は決して滅びず、だれも彼らをわたしの手から奪うことはできない。わたしの父がわたしに下さったものは、すべてのものより偉大であり、だれも父の手から奪うことはできない」（ヨハネ10・28以下参照）。人間は死に定められていますが、神が復活させてくださることによって不死です。「わたしは復活であり、命である。わたしを信じる者は、死んでも生きる。生き

97　聖書が「魂と体」という言葉を使うとき、それはギリシャ哲学の言葉とは違う意味を持ちます。「魂」は肉体と区別された霊的な実体を指すのではなく、深奥における人間を指します。「魂は、私たちの自分自身、心と肉体としての全体に対応しますが、内面性と生命力というニュアンスを含みます」（X・レオン・デュフール「魂」『聖書の神学用語』1971）。

98　イザヤ41・8、および歴代誌下20・7、ヤコブの手紙「アブラハムは神の友と呼ばれた」（2・23）。

ていてわたしを信じる者はだれも、決して死ぬことはない」(ヨハネ11・25、26)。死ぬことがないのは、彼の存在の非物質的な部分が死を免れるからではなく、彼が復活である方の弟子だからです。

パウロの証言も同じ線をたどります。信ずる者はキリストのうちに存在し、生きています。「あなたがたはキリストの内にある」(一コリント1・30参照)、「キリストがわたしの内に生きておられる」(ガラテヤ2・20)。このような存在は、無に帰することはありません。「生きるにしても死ぬにしても、わたしたちは主のものです」(ローマ14・8)。復活を信じない人々に対する驚きはここから来ます。「そうだとすると、キリストを信じて眠りについた人々も滅んでしまったわけです」(一コリント15・18)。それはあり得ないことです。なぜなら「キリストが死に、そして生きたのは、死んだ人にも生きている人にも主となられるためです」(ローマ14・9)。不死性は愛の契約に由来する、「対話的性格 un caractere dialogal」[99]を有するものです。神は人をペルソナ、神と関わる存在とします。神はこの被造物を愛します。そして「愛するとは、あなたは死んではならない、ということです」。[100]

したがって不死性の根拠は、非物質的な魂にあるのではなく、神がご自分の方に招かれる人間のペルソナの中にあります。究極的には、不死性の根拠はキリストの中にあります。人はキリストの内に、キリストに向かって創造され（コロサイ1・16参照）、キリストと共に生きるように招かれています（一コリント1・9参照）。イエスは死すべき存在でしたが、ペルソナとして神の子でした。死の中で「神は彼を復活させられました。詩編の第二編に、『あなたはわたしの子、わたしは今日あなたを産んだ』と書かれているように」（使徒言行録13・33参照）。「イエスが死に支配されたままでおられるなどということは、ありえなかったからです」（使徒言行録2・24）。死は、神が子を産む父であることを妨げることができませんでした。イエスの不死性は、彼を御父と結ぶペルソナ間の関係の中にあります。人間の不死性の根拠も同様です。

99　J・ラッツィンガー「不死性のキリスト教観念は、本質的に神の概念から生じる。それは対話的性格を持つ」（『死と「あの世」』Aubier 1979）。
100　G・マルセル『存在の神秘』第二巻「信仰と現実」（1951）、および、J・M・オベール『そして後は……命か無か？』（DDB 1991）参照。

人間、肉体的ペルソナ

死は、人間存在の一部、朽ちるべき肉体だけに襲いかかり、非物質的な魂は、死の蝕手から免れ、無傷で死を超えて生き続ける、ということはなく、人間全体が死の掟に服します。人間は単に肉体を持っているのではなく、人間は肉体、肉体的なペルソナです。人間はペルソナであるがゆえに、神は彼が死を超えてもなお、ご自分に向かって生きることができるようにするのです。人間は肉体的なペルソナであるがゆえに、神は彼が死を超えてもなお、肉体として生きるように、つまり彼を復活させるのです。

人間は、彼を命に招く神の恵みによって、死を超えて生き続けます。イエスの言葉で言えば、復活がなければ、アブラハム、イサク、ヤコブの神は、生きている者の神ではなく、死んだ者の神となってしまいます（マタイ22・32参照）。コリントの信徒たちの疑問に対するパウロの答えも同様です。もし死者が復活しないのなら、「キリストを信じて眠りについた人々も滅んでしまったわけです」（一コリント15・18）。多くのことを犠牲にし、永遠の命に希望を置いて生きてきた彼らが復活しないとすれば、彼らは騙《だま》されたことになります。「この世の生活でキリストに望みをかけているだけだとすれば、わたしたちはすべての人の中で最も惨めな者です」（一コリント15・19）。

したがって、魂だけが切り離されて生き残るという考えは、イエスともパウロとも無縁です。彼らにとって「あの世」の命は復活の命です。[101]

聖書のヴィジョンにおいては、人間は本質的に肉体的存在です。人間は、ペルソナ、つまり、即自的かつ対他的存在ですが、肉体的なペルソナです。彼が自分自身において、ま

101　人間が全体的に死に、復活によって生き続けるという主張は、プロテスタントの説教の現代的動向に固有の見解と何の共通点もありません。この見解によれば、人は死によって無の中に落ち、時の終わりに復活によってそこから出てくるというものですが、そういう見解は、聖書の幾つかのテキストに抵触し、カトリックの伝統に反します。

た神、他者、世界との関係において存在するのは、肉体としてです。肉体と切り離された、非物質的な魂に変容するとすれば、人間性は変質し、真の人間的ペルソナとしての本性を失い[102]、天使的な存在様式に移行することになります。

確かに「肉体」と「魂」について語ることはできます。「わたしの魂は主をあがめる」（ルカ1・46）。けれども聖書的な意味において、です。聖書的な意味で、肉体は人間全体を示し、魂は人間の非物質的で分離可能な構成要素の一つではなく、人間が最も自分自身である深奥における人間を示します。「肉体」と「魂」という言葉は、どちらも人間全体について語ります。「魂」は、より正確に、「人間性の最深部を構成する」[103]ものについて語ります。

人間はキリストの内に創造され、キリストの内に存続します（コロサイ1・16以下参照）。キリストは肉体的な存在として、目に見える神の像です（コロサイ1・15参照）。このキリストの内に神性の充満が肉体的に宿っています（コロサイ2・9参照）。福音は、イエスの復活についての良い知らせです（使徒言行録13・32参照）。福音は肉体的存在に関わるもので、死者の復活の宣言です（ローマ1・4参照）。悪に対するキリストの勝利は、肉体的な存在に襲いかかる死に対する勝利です（一コリント15・26参照）。肉体的な存在はこの地上からすでにキリストの体に属し（一コリント6・12〜20参照）、キリストの体の秘跡であるエウカリスチアに養われ、死から救われています。「これは、天から降って来たパンであり、これを食べる者は死なない」（ヨハネ6・50）。人間は、イエスの復活との交わりによって救われます。「あなたがたはキリストにおいて……キリストと共に復活させられたのです」（コロサイ2・12参照）、「恵

102　非物質的な魂が切り離された形で生き残ると主張する神学者たちは、切り離された魂は、一人の人間の魂であるから、その本性自体によって、最終的な復活において、体を再発見することを希求すると主張します。しかし、分離された魂の状態を認めるなら、彼らは聖トマス・アクィナスとともに、その魂は、その人が地上の人間のペルソナではないということを認めなければならない。「私の魂は、私と同じではない」。「ペトロの魂は、ペトロ自身ではない」。「魂は人間の一部にすぎない。……したがって、ペルソナの定義と名前は魂には妥当しない」。したがって、そのような分離された魂は、「半人間」と名付け得る。国際神学委員会編の資料（注93）参照。もしそうなら、天の聖人は、彼の地上での実存以下の不十分な存在となる。この問題に関しては、AUG. SCHMIED の優れた記事を参照のこと。

103　J・ラッツィンガー、J・M・オベール。「魂は、古典的カトリックの教理の中では、自己の深奥、決心と責任が湧き出る泉を示す」。

みによって、あなたがたは救われています。キリストと共に神はわたしたちを復活させてくださいました」（エフェソ2・5参照）。ところでイエスの復活は、肉体的出来事です。この地上からすでに、信ずる者は復活の命を生きていますが、最終的な復活において、その完成に至るでしょう（ローマ6・3～10参照）。

これらすべての証言において、人間は、キリストの内に聖なるものとされる肉体的存在として提示されています。

死に定められていながら、人間は肉体的存在として不死にとどまります。彼の内には肉体の復活の芽生えがあるからです。ですから、人間の内に、死に定められた朽ちるべき肉体と、分離された魂という形で生き残るべく定められた霊的な実体という区別はありません。むしろ人間の内には、目に見えるこの世的なものと、深奥にあるあの世的なものを認めることができるでしょう。人間は肉体的な存在として死に、肉体的な存在として死を超えます。死は、正当にも「地上の皮」と呼ばれるものを人間から剥ぎ取り、彼を無に帰することなく、肉体的なペルソナとしての新しい存在様式を与えます。この変容は今すでに開始されています。「たとえわたしたちの『外なる人』は衰えていくとしても、わたしたちの『内なる人』は日々新たにされていきます」（二コリント4・16）。

「おそらく、幼虫や蛹《さなぎ》が蝶《ちょう》になるようなことが、私たちが死ぬときに起こると言ってもよいでしょう。蝶と蛹は同じもので、ただ殻を捨てて変形しただけです。……しかしこれはメタファーにすぎません。昆虫の変態の場合、知覚可能なある形が、別の知覚可能な形に移行するだけですが、死んで復活した人間の場合は、あらゆる知覚可能な形は消えています」。[104]

神秘に満ちた世界の中で、「人間――この未知なるもの」[105]はおそらく最も偉大な神秘

104　P. MASSET『魂の不死性、体の復活、哲学的アプローチ』NRT105（1983）p.337.
105　アレキシス・カレルの著書の表題。

です。人間は、他のどの被造物にもまして、神秘に満ちた神の似姿として形造られました。[106] 人間は、この世界を超えたところから、自分が造られた原因であり目的であるキリスト、優れて神の像であるキリストから理解されます。人間は自分の未来から、すなわちキリストにおける未来の復活から理解されます。[107] 根は新しい人、復活したキリストの中にあります。人間はこの世からすでに、復活したキリストとの交わりによって生き始め、いつの日か完全に新しい人になるよう（エフェソ4・24参照）召されています。「人が自分を知ることを学ぶのは、その神的な召命においてです」。[108] 人間は、最終的な復活の時になるはずの霊的な体になり始めます（一コリント15・45参照）。復活の時、彼は全くのペルソナと化した肉体的存在として現れるでしょう。[109]

神の創造行為は、連続性の中で行われ、突発的に行われるものではありません。最終的な復活は、全く新しい創造行為ではなく、神が初めからそれを目指して人を創造された創造行為の頂点です。人間は、肉体的なペルソナとして創造主から呼び出され、全くそのものになるよう召されています。キリスト者は、洗礼の恵みによって、自分がその深奥において、復活の世界に生まれ出たことを知っています。けれどもそのような栄光の命は、キリストが現れる日まで、なおキリストと共に隠されています（コロサイ3・3以下）。キリストの体との交わりによって、人はすでに今から「キリストと一つの霊」、すなわち霊的な体です（一コリント6・16以下）。この地上で人は、死に定められているように見えても、キリスト者の体は不滅である、と聖イレネオは宣言します。「地の産物であるパンが、神の祝福を受けた後は、もはやただのパンではなく、エウカリスチア――地上的なものと天上的なものとで構成されているエウカリスチアであるように、私たちの体も、エウカリスチアにあずかることによって、もはや腐敗することのない体となります。なぜならこの体は復活

106　「神は、人間をご自分の似姿に造られた。キリスト教の伝承によれば、人間は、理解し尽くせない神の似姿であって、自分自身からは理解できない」。アンリ・ド・リュバック『神への道』Cerf, 1983 p.13.
107　ここにノヴァリスの直観を想起することができる。「人は自分のうちにその萌芽を宿していないことをどうして理解できるだろうか。私が理解するように定められていることは、私の中で有機的に成長すべきである。」『小品集』Aubier 1947, p.37.
108　アンリ・ド・リュバック『普遍教会の中の部分教会』Aubier 1971, p.219.
109　本書167～170ページ参照。

の希望を持っているからです」。[110] 来世の状態、腐敗することのない体、霊的な体（一コリント15・42〜44）、キリスト者はその存在の深奥において、すでにそれなのです。

復活の種子は、彼の中に蒔かれています。キリスト者自身が、「死の内の復活」の種子です。イエスの復活の力によって、地上の人生の間にこの種子は成長し、ついに完全な結実に至る日が来ます（フィリピ3・21参照）。なぜならキリスト者は、「死の内の復活」の宇宙的種子であるキリストの内に生きているからです。

人間、この知られざる者、誰がその神秘を究めることができるでしょうか。両親は、生物学的な掟に従って、子どもを誕生させますが、彼をペルソナとするのは神です。創造的呼び出しを通して、神は人間を肉体的なペルソナとして、神の子としての永遠の命に定められた者として創造されます。[111] 死は彼の全体を破壊しますが、無化しません。「命は取り去られるのではなく、変えられるのです」。[112] なぜなら人は、創造によって、復活したキリストとの交わりの中で生きるように召されているからです。[113]

キリストの内に、キリストと共に復活させられて

聖パウロは、キリストの栄光化を、死者の復活という名で呼びます（ローマ1・4）。[114] 彼の復活は、最終的復活に至る歴史の単なる最初の段階なのではなく、最終的復活そのもの、人類のための決定的、最終的介入です。人類は、この一回限りの復活させる行為の中に引

110　『異端反駁』4, 8, 5, Sources chr. 100, 661s.　また、エウカリスチアは「不死の妙薬、死なないための解毒剤」（アンティオキアの聖イグナティウス『エフェソの信徒への手紙』20・2）。

111　教会は、子の「魂」を創造するのは神であると教える。Dz. Sch. 190. 360. 685. 3896 参照。けれどもこの「魂」は、プラトンのように、死によってその肉体的覆いから解放されるであろう非物質的実体と理解されてはならない。

112　死者の典礼の叙唱。

113　R・ガルディーニ『死の時』Cerf. (1951) p.101s.「死の瞬間、魂が体から離れるとき、魂は単に肉体的なもののすべてを自分の外に投げ捨てることによって、肉体を脱ぎ捨てるのではない。魂は天使になるのではなく、人間の魂に留まる。人間の魂として、魂はその内に肉体を宿している」。

114　本書第一章注18参照。

き受けられ、御父が復活させられたキリストとの交わりの内に、復活の恵みにあずかります。それ以後はもはや何も付け加えられません。イエスの復活は、最終的な充満であり宇宙的な源泉です。「キリストの内には、満ちあふれる神性が、余すところなく、見える形をとって宿っており、あなたがたは、キリストにおいて満たされているのです」（コロサイ2・9以下）。イエスのペルソナは復活です。「わたしは復活である」[115]（ヨハネ11・25）。

神は、人類のため、御子を復活させる行為に、ご自分の全力を投入しました。神がこれ以上偉大な業をなさることはありえないと思われます。なぜならイエスの復活は、この世で成就する永遠の産出の神秘――「わたしは今日、あなたを産んだ」（使徒言行録13・13）――神が神となる神性の充満（コロサイ2・9）の神秘だからです。

神は復活させるご自分の行為を、無限に繰り返すのではありません。神はそのひとり子を栄光の中に産み、この唯一の産出の永遠の今日の中に人類を包含するのです。イエスは、私たちのための神の子、私たちのために復活させられた方（二コリント5・15参照）、その復活において私たちのもの、神の子であることにおいて私たちのものです。人類はイエスの復活の力によって、神の子らとして復活します。それが彼らの召命です。

死者の復活は、イエスに対する父としての神の業です。それは聖霊の業であり、聖霊の力の中で御父は御子を産みます。「キリストを死者の中から復活させた方は、あなたがたの内に宿っているその霊によって、あなたがたの死ぬはずの体をも生かしてくださるでしょう」（ローマ８・11）。死者の復活は、御子の神秘に属するものです。御子の神秘は、イエスの過越においてその頂点に達し、世に伝播します。「わたしたちも、神の子とされること、つまり、体の贖われることを、……待ち望んでいます」（ローマ８・23）。

115　この信仰はマタイ27・52以下の物語の中で表現されている。それによれば、イエスが死んで復活するとき、「聖徒たち」が墓から出てくる。このテキストは神学的な性格のものである。歴史的証言として理解しなければならないとすれば、整合性を欠くように思われる。「聖徒たち」は、イエスの死の瞬間に復活し、イエスの復活後に墓から出てくる。

死者の復活の神秘！　それは単に、死者を復活させることのできる神の全能の発現ではなく、三位の神の業です。それは御子における御父の力の発現であり、聖霊の働きによって、人類に伝播する御子の神秘です。聖霊によって御父は御子を産み、御子の内に人類を一体化させます（一コリント12・13参照）。

漸進的復活

人間が、分割可能な二つの実体――一方は物質的で腐敗する実体、他方は霊的で不死の実体――で構成された存在として理解される時、死者の復活は、準備も前段階もなく、時間の終わりになって初めて介入する神の行為の結果となります。

さらに死はまったくネガティブなものとして現れます。人間という合成物の解体、一つの要素しか残さないもの、そして時間の終わりに神が修復される亀裂――このように理解された死は、一つの悪であり、復活とも、イエスの栄光の死とも無縁のものとなります。イエスは、ご自分が死ぬのは復活するためであると言われました。「わたしが命を捨てるのは、それを再び得るためである」（ヨハネ10・17参照）と。

誕生の初めから、イエスは復活に定められていました。彼は死すべきものとしてと同時に、聖霊の力によって（ルカ1・35）神の子として生まれました。彼の存在は上昇的です。彼は御父に向かって上昇します。御父は、聖霊の力によって（ローマ8・11）、彼を完全な神の子として産みます（使徒言行録13・13）。「すべてが彼の復活のために働いていた」。115a
死者の復活は、救いに向かう人類の長い上昇過程の頂点です。死は、悪であるどころか、神の計画の中でポジティブな役割を果たすものです。それはイエスの過越において啓示されたとおりで、死は復活に奉仕するもの、人間全体をその「あの世」に導き入れるためのものです。

115a　聖アウグスティヌス　*Sermo Guelferb. XII.*

復活は死と同様に人間性の中に印刻されています。死と同じく、復活の原点は創造にあります。人間のペルソナとしてのこの肉体的存在は、死に定められていると同時に、神のもとで永遠に生きるように召されています。

神は本質的に、ひとり子の父であって、御父は御子との関わりの中で創造され、[116]人間と父と子の契約関係に入ります。神が死すべきものとして創造された人間は、滅びに定められているわけではありません。なぜなら父は生かすために産むのですから。神が人間を死すべきものとして創造されたのは、永遠の命を与えるためです。それは一粒の麦が再生するために死に、キリストが復活するために死ぬのと同じです。創造主は、初めから「死んでいる者たちの神ではなく、生きている者たちの神」（マルコ12・27）、死者を復活させる神です。この人間という死に定められた存在にとって、存在に入ることは、創造主の計画によれば、神の子となり始めること、キリストと共に復活し始めることです。**創造はその初めから救いの業、最終的復活の最初の局面です。**[117]

洗礼は死における復活のプロセスの一つの段階です。洗礼が聖化するのは、非物質的な魂ではなく、[118] 人間全体、「清い水で洗われた体」（ヘブライ10・22）です。それ以後、信ずる者は、復活したキリストと共に唯一の体を構成し始め（コロサイ2・12）、最終的な復活に向かって歩み始めます（ローマ6・3～10）。聖パウロによれば、洗礼は、死者の復活において成就する最終的な義化の先取りです。[119] エウカリスチアは復活のパンです。洗礼が、ペルソナの深奥まで人間を清める水である

116　ヨハネ1・3、一コリント8・6、コロサイ1・15～17。

117　神学はもはや、キリストの外で実現し、アダムによって台無しにされた創造の業と、キリストによって実現した修復の業とを切り離さない。神の業は一つ、創造であると同時に贖いの業である。すでに旧約聖書（特にイザヤ）は、創造の行為を救いの業として見ている。新約聖書によれば、世界は御子のうちに、御子における救いを目的として創造された。拙著『父である神』（サンパウロ）参照。

118　一ペトロ1・22「あなたがたは魂を清めた」について、TOBの注「魂は生きている存在についての、伝統的な聖書的意味で、人間全体」。

119　本書第六章参照。

のに対し、エウカリスチアは、その同じ深奥において人間を養います。このパンを食べる者は「死ぬことはない」（ヨハネ6・50）。現象のかなたで、復活の命は、すでに始まっています。この世からすでに与えられている聖霊（ローマ5・5）は、神の産む力であり、それによってイエスは完全な神の子として復活しました（ローマ8・11）。それ以来、人間は復活の力によって生かされています（ローマ8・11）。人間の内に宿っている霊は、未来の復活を保証するただの保証金ではなく、最終的な解放、体の復活（ローマ8・23）の前払い金（エフェソ1・14）です。聖霊の手付金[120]が与えられているのですから、復活の約束は確実です。命の霊が働いておられるのですから、復活は漸進《ぜんしん》しています。

したがって、死者の復活は、「突然の出来事ではありません。あたかも人間が死に至るまでは、地上的なものにすぎず、主が来られるときに、一挙に霊的で天的な秩序に移行するかのように。新しい人は、洗礼の時に生まれ、それ以後、古い人によってなお覆われたままですが、信ずる者の中に生きているのです」。[121]イエスの復活は、信ずる者の中に伝播し、漸進していきます。「永遠の栄光の重みが、彼らの内に形作られます」（二コリント4・17参照）。

衰退と成長は同時漸進します。「わたしたちの『外なる人』は衰えていくとしても、わたしたちの『内なる人』は日々新たにされていきます」（二コリント4・16）。「わたしたちは皆、……栄光から栄光へと、主と同じ姿に造りかえられていきます」（二コリント3・18）。「わたしたちの命であるキリストが現れ、わたしたちがキリストと共に栄光に包まれて現れる」（コロサイ3・4参照）その日まで。地上からすでに、信ずる者は、未来の復活に富む者です。核のある果物のように。核は死の瞬間に現れます。「あなたが蒔《ま》くものは、死ななければ命を得ないではありませんか」（一コリント15・36）。

内なる人の成長は、物理学の法則に従いません。非ペルソナ的現実において、成長は自然の諸力に帰されます。ペルソナである人間は、呼びかける恵みの働きに従って、自由の中で変容します。

120　二コリント1・22、5・5。
121　R・ガルディーニ　前掲書103ページ以下（本書注113参照）。

聖パウロは、初め、キリストとの出会いの中で、死ぬことなく、キリストによって変容されることを期待していました。[122] けれども死が彼に合図を送りました（二コリント1・8〜10参照）。彼は死が望ましいものでさえあることを確認しました（フィリピ1・20、23）。なぜなら死を通して、新しい形の肉体的生命の中で、キリストとの完全な交わりに入ることができるからです。「わたしたちの地上の住みかである幕屋が滅びても、神によって建物が備えられていることを、わたしたちは知っています。人の手で造られたものではない天にある永遠の住みかです」（二コリント5・1）。肉体は、その地上的形態において、人間を流謫の状態にとどめます。「わたしたちは……体を住みかとしているかぎり、主から離れていることも知っています」。それゆえ「体を離れて、主のもとに住むことをむしろ望んでいます」（二コリント5・6〜8）。地上の住みかが滅びるとき、天の住みかが与えられます（二コリント5・1参照）。「わたしたちを、このようになるのにふさわしい者としてくださったのは、神です。神は、その保証として〝霊〟を与えてくださったのです」（二コリント5・5）。この霊は復活の力です（ローマ8・11参照）。

このテキストは明瞭ではありませんが、パウロが、分離した魂の形で生き残ることを考えていないことだけは確かです。彼は死後、直ちに天の住みかを着ることを希望していますす。つまり、死後、直ちに復活のプロセスにおいて、決定的な段階が踏破されるということです。すでに洗礼の時、信ずる者はキリストを着ました（ガラテヤ3・27参照）。洗礼を受けて、キリストと一つの体となり（一コリント12・13〜27）、キリストの死と復活との交わりに入りました。それでパウロは、「キリストがわたしの内に生きておられる」（ガラテヤ2・20）と言うことができました。エウカリスチアは、キリストとの一体化を強化します（一コリント10・16参照）。キリストを着ることは、洗礼後も続きます（ローマ13・14参照）。彼は神の国への入国を始めます（コロサイ1・13参照）。体と血（地上的生命における人間）は、神の国を受け継ぐことはできません（一コリント15・50参照）。「キリストを着る」「天の住みかを着る」というイメージを誤解してはなりません。それは上に着ることではなく、キリストが住ん

122　一テサロニケ4・15、一コリント15・51。

でおられるその深奥から変えられることを言っているのです。人はその深い真実において再創造されます。

パウロは、復活がその最終段階を迎えることになることをいつも信じていますが（ローマ8・11〜23）、[123] そこに至る前に、死によって、新しい肉体的な命が始まります。死は地上の命との断絶であって、人間の半分、非物質的な魂だけしか残さないような人間を貧弱にするものではありません。断絶は、超越の中で実現し、人間は一層自分自身となります。「わたしは死ぬのではありません。命に入るのです」。[124]

最終的な復活は、キリストのパルージアの結実、キリストとの最終的な出会いから発する力の結実です。[125] さて人間は、死においてすでにキリストに出会われ、復活された主の力に服します。すでに地上でも、洗礼において、エウカリスチアのうちに、キリストと出会うごとに、復活された主の力に服しました。

罪の現実にもかかわらず、神の計画は、創造的です。その計画は鋸歯状に進みません。

一つの全体として創造された人間が、死において二分され、片方だけが生き残り、最終的に再び全体性を回復するなどということはありません。神の人間に対する計画は、創造的です。人間は死に向かう存在で、イエスのように、復活に向かって死にます（ヨハネ10・17参照）。

教会が天国の聖人たちに取り次ぎを願うとき、人間性の本質的な要素を切り取られた、半分だけが生き残った存在としての彼らに祈るわけではありません。祈りが向けられるの

123　数十年前、最終的復活は各人の死後に実現するという、魅惑的な神学的見解が生まれた。それによれば、分離した魂の形での人間の生き残りは、聖書の人間学では受け入れられない。各人は死を通して永遠に入り、もはや彼を歴史の終わりから隔てるいかなる時間もない。死者は彼らの死以来、互いに同時代人となり、最終的な復活と最後の審判のうちに集められる。

確かに分離した魂の形のもとでの生き残りは受け入れられないように見える。しかし終末の復活でない復活の命は容認できる。確かに死者は、地上的時間を超えているが、絶対的な永遠の中に入っていない。存在し始めたばかりの死者が、どうして神のように永遠であろうか。死と最終的復活の間に天的な間隔があることは考えられないことではない。究極の栄光化は、歴史の終わりの可能性としてとどまる。

124　リジューの聖テレーズ『手紙』244（ベリエール神学生宛て 1897. 6. 9）。

125　コロサイ3・4、一テサロニケ4・16、一ヨハネ3・2。

は、彼らの人間存在の全体における彼らのペルソナに対してです。この点で、教会は、聖人たちへの祈りを、完全に栄光化されたキリストの聖なる母に向ける祈りと同様に見なします。聖母以外の聖人たちは、完全な栄光化、全体的復活をまだ待っています。けれども教会は、真に人間的なペルソナである彼らを敬います。信仰と祈りは同じ法に服します。[126]

最終的な復活

キリストの勝利の日が来ます。「最初にキリスト、次いでキリストが来られるときに、キリストに属している人たち、次いで世の終わりが来ます」（一コリント15・22～24）。教会は初めから歴史の終わりにキリストが現れることを信じていました。その時キリストの復活の力が発現します（フィリピ３・20～21）。「キリストが現れるとき、わたしたちはキリストに似た者になります」（一ヨハネ３・２）。

しかし終末の復活はどのように描かれるのでしょうか。聖書はしばしば象徴的言語で語りますが、それは文字どおりに受け取るべきではありません。「合図の号令がかかり、大天使の声が聞こえて、神のラッパが鳴り響くと、主御自身が天から降って来られます。すると、キリストに結ばれて死んだ人たちが、まず最初に復活し……」（一テサロニケ4・16）。時には、逆説によって語ります。「死んだ者が神の子の声を聞く時が来る。今やその時である。その声を聞いた者は生きる」（ヨハネ5・25）。復活は未来のことであり――「時が来るだろう、彼らは生きるだろう」――かつ、「今」実現しているという二つの相反する事柄によって強調される逆説は、概念では把握できない神秘を表現する方法です。最終的な介入が、「イエスによって眠りについた」人々が、すでに享受している天的な生に追加することになる事柄について、誰が語ることができるでしょうか。終末の復活は創造の業の

126　「祈りの法は、信仰の法」、すなわち祈りの法は信仰の法を確立する。Dz. -Sch. 246 参照。「ペトロの魂はペトロ自身ではない」ことが事実なら、そして神学が教会の祈りに反することを言うべきでないなら、分離した魂の形のもとでの聖人たちの生き残りについて語ることができるだろうか。

頂点を成します。誰がそれを思い描くことができましょうか。「目が見もせず、耳が聞きもせず、人の心に思い浮かびもしなかったことを、神は御自分を愛する者たちに準備された」（一コリント2・9）すべてのことを。いまだかつて起こらなかったことを。「わたしたちは、今既に神の子ですが、自分がどのようになるかは、まだ示されていません」（一ヨハネ3・2）。

復活は、死の瞬間に実現しますが、まだ完成されていません。「わたしたちは、祝福に満ちた希望、すなわち偉大なる神であり、わたしたちの救い主であるイエス・キリストの栄光の現れを待ち望んでいます」（テトス2・13参照）。

地上にいる私にとって、愛する人々の復活は、彼らの死の瞬間に起こりませんでした。彼らの死に関して、私はその外観しか見ることができず、そのうちに悪を見ました。私の目に彼らが復活するためには、彼らが私のところに返されなければなりません。

死者にとってもまた、復活は完成していません。地上の友人たちと死者の関係は不完全です。死者は地上の友人たちを見守ることを神から許されますが、ひそかにです。友人たちの救いはまだ実現されていません。その救いは、死者を彼らと結びつける友情によって、死者の救いでもあります。さらに、死者の友情は、天上で彼らの心を占領する万人への愛のために、地上のすべての人々に向けられています。最良のキリスト者たちは、地上で全人類の救いを見たいという望みに苛《さいな》まれていました。この望みがかなえられないかぎり、ヨハネ16・24が語る「願いなさい。そうすれば与えられ、あなたがたは喜びで満たされる」喜びは、完全ではありません。[127] 現代の聖女は、彼女の幸福が最後の日に初めて完全なも

127 「実に、使徒たちもまだその喜びを享受しておらず、私が彼らの喜びに与るようになるのを彼らも待っている。地上を去った聖なる者らは、直ちに、彼らの功績の報いをことごとく得るのではない。我々が遅れていようと、沈滞していようと、彼らは我々を待っている。我々の過誤のために悲しみ、我々の罪を嘆き悲しんでいる限り、彼らにとって完全な喜びはない。……このために、猶予された裁きが下される最後の日まで、この秘義は秘義のままに置かれるのである。実に、義とされるのが待たれる『体は一つである』（ローマ12・5）。即ち、裁きのために復活すると言われる体は一つである。『肢体はたくさんあっても、体は一つである。目は手に向かって、「お前はいらない」とは言えない』（一コリント12・20～21）。たとえ目が健全で、見る↓ために何の支障もないとしても、他の諸肢体が欠けているなら、どうして完全であると考えられよう。……したがって聖なる者であれば、あなたはこの世の生を去ると、喜びを有することになろう。しかしあなたが

のとなることを力強く宣言しました。「神さまが私の望みをかなえてくださるなら、私の天国は、世の終わりまで、地上で過ごされるでしょう。そうです、私は私の天国を地上で善を行いながら過ごしたいのです。私は自分のために喜び祝うことはできません。救わなければならない魂がある限り、私は休みたくありません……けれども天使が『時はもうない』と告げるとき、私は休み、喜ぶことができるでしょう。なぜなら選ばれた人々の数が満ちるからです」。[128]

天にとっても、地にとっても、天と地の完全な関係は確立されていません。そして幸福は、関係の内にあります。聖ヨハネはそう言います（一ヨハネ1・3）。一人の人の幸福の条件は、すべての人の幸福です。天の祝祭は、天の建設が完成されないうちは、最高潮に達しません。「一緒に……、わたしたちはいつまでも主と共にいることになります」（一テサロニケ4・17）。「主イエスを復活させた神が、イエスと共にわたしたちをも復活させ、あなたがたと一緒に御前に立たせてくださると、わたしたちは知っています」（二コリント4・14）。天の聖人たちは大いなる日が来るのを待ちかねています（黙示録6・9〜11）。[129]

彼らの数が満たないうちは、聖人たちの喜びが完全でないばかりでなく、彼ら自身の救いも完成しません。「わたしたちも、神の子とされること、つまり、体の贖われることを、心の中でうめきながら待ち望んでいます」（ローマ８・23）。人が人間としての自分の完成に達するのは、全人類と共になのです。

その間に、天のコンサートが準備されます。楽団は少しずつ編成され、楽器は調律され、各自自分に任せられたパートを練習します。ついにオーケストラの指揮者が立ち上がります。キリストがありのままの姿で現れ（一ヨハネ３・２）、万人のシンフォニーの指揮を執ります。

いかなる肢体をも欠くことのない時、その時、喜びは十全的なものとなろう」。オリゲネス『レビ記講話』7,2（SC 286）、アンリ・ド・リュバック『カトリシズム』から引用（邦訳、245ページ以下）。

128　リジューの聖テレーズ『最後の対話』7月17日。

129　黙示録６・９〜11において、確かに考えの地平が異なっている。これらの聖人たちは、迫害者たちに対して、義の裁きが行われることを願う。神は「彼らの仲間の僕たち」の数が満ちるまで待つように告げる。

カトリック教会は、キリストの母が、その生涯の終わりに、直ちに救いの充満に達したと宣言します。聖母は、教会に与えられた恵みの総体を通してキリストに結ばれていたからです。聖母は教会の総括です。教会の歴史全体の神秘は、聖母の中に要約され、ペルソナ化されています。

❖

人類の初めからすでに、神の子の教会がありました。第一の契約の教会です。それは、黙示録12・1～5に、一人の女の姿で描かれています。彼女は、初めからメシアの約束によって身ごもっていました。[130] 彼女はその肉によって、未来のキリストの体と一体化し、肉によるキリストの母となります。この第一の教会は、その未来の母性によってキリストの教会であり、マリアの内に頂点に達します。

契約の決定的な局面の中で、教会は新たにキリストの体と一体化します。ただし聖霊によって、キリストの死と復活との交わりの内に。この交わりの内に、教会は救われ、人類の救いのための母となります。歴史の終わりに、彼女の救いと人類に対する母性は、死者の復活において頂点に達します。

「イエスの十字架のそばに、その母が立っていた」（ヨハネ19・25）。「垂直の教会」[131]は十字架のそばに立っていた。マリアは母としてそこにいます。母なるイスラエルは、マリアのペルソナのうちに、神に忠実なものとして、カルワリオに現存しています。最後の契約の教会もそこにいます。キリストの死との交わりの内に、その輝かしい多産性（ヨハネ12・24）に参与しつつ。「婦人よ、これはあなたの子です」（ヨハネ19・26）。イエスが肉から霊に移行するこの時、二つの契約の教会は、マリアのペルソナにおいて、キリストに一体化し、第

130　身ごもっている女（黙示録12・4）に対して古い蛇（黙示録12・9）が立つ。天の蛇、それは神が彼と女との間に敵意を置くと言われたあの蛇（創世記3・15）。

131　P・クローデル『スタバト・マーテル』　聖書釈義は、福音記者ヨハネの考えの中で、「イエスの母」、「女」が教会の表象であることを、ますます認めるようになっている。

一の契約から最後の契約に移行します。教会の恵みは余すところなくこの女性に与えられ、彼女のパーソナルな救いとその母性は充満に達します。

肉によるキリストの母であったこと、次いでキリスト者との連帯者、母であること、この教会の役割のすべては、マリアの内に要約されています。彼女は初めから終わりまで、教会と共に歩み、教会の長い歴史は彼女の内に凝縮されています。教会の歴史の最初の瞬間は、マリアの生涯の始まりに一致します。その時、神は言われました。「わたしはお前（蛇）と女との間に敵意を置く」と。教会の最終的な栄光化は、マリアがその生涯の終わりに達する栄光化に一致します。[132]

イエスにおいてのみ、そしてその母において、復活の神秘は完全に成就しています。キリストは、すべての人のための泉として。マリアは、満たされた充満として。彼らにおいてのみ、救いの時は絶頂に達しています。キリストとマリアは、途上にある人間を自分たちの充満に向けて引き寄せ、出発させます。彼らは他者の内においてのみ途上にあります。

それゆえマリアの特権的な場合を除いて、死の瞬間に完全な復活に達する者はありません。死の瞬間の栄光化は、決定的であるにもかかわらず、完成前の最後の段階にすぎません。

復活の体

聖パウロは、「死者はどんなふうに復活するのか、どんな体で来るのか」（一コリント15・35）と問います。彼の答えは神秘を残したままですが、光を与えます。人間は以前の命に戻されるのではありません。復活は死体を生き返らせることでも、死によって分離した二つの本質――肉体と精神――を再統合させることでもありません。創造によって人間の定

132　マリアと教会のテーマについては拙著 *Connaissance de Marie Marie, méditation devant l'Icone* を参照。

めとなった死は、人間を封印します。キリストと共に、人間は「ただ一度死にます」（ローマ6・10）。死は、主の内に眠りについた人々の上に、良い実りをもたらし、それは復活によって無に帰しません。「愚かな人だ。あなたが蒔くものは、死ななければ命を得ないではありませんか。あなたが蒔くものは、後でできる体ではなく、麦であれ他の穀物であれ、ただの種粒です」（一コリント15・36～37）。神はいつでも人間を追創造することによって救います。最後に神は人間をまだ知られていない充満へと導きます。芽を出す麦は死ぬ種とは違いますが、種から出ます。復活した人間も同じです。

地上の人間の何が永遠の内に移されるのでしょうか。肉と血は神の国を受け継ぐことはできません（一コリント15・50）。人が復活するのは、関わり合う存在として、ペルソナの尊厳をなすものにおいてです。復活の力であり、交わりである聖霊が引き取ることのできないものは、復活できません。同様に、一コリント6・13以下において、聖パウロは人間の内に、食物摂取機能と性とを区別します。性は関係性にあり、ペルソナに関わるもので、倫理秩序と永遠の命に属しています。「食物は腹のため、腹は食物のためにあるが、神はそのいずれをも滅ぼされます。体はみだらな行いのためではなく、主のためにあり、主は体のためにおられるのです。神は、主を復活させ、また、その力によってわたしたちをも復活させてくださいます」。関わり合う肉体性の全き尊厳において、人間は復活の世界に属します。性も、その生物学的機能を超越します。イエスはそれについて、「次の世に入って死者の中から復活するのにふさわしいとされた人々は、めとることも嫁ぐこともない。この人たちは、もはや死ぬことがない。天使に等しい者であり、復活にあずかる者として、神の子だからである」（ルカ20・35、36）と言われました。

復活においてキリストは源泉であり、モデルです。「キリストは、万物を支配下に置くことさえできる力によって、わたしたちの卑しい体を、御自分の栄光ある体と同じ形に変えてくださるのです」（フィリピ3・21）。復活の体がどういうものであるかについて、考えるためには、「死者の中から最初に復活した」（コロサイ1・18）キリストの光によらなければなりません。

ローマ8・11の根本的主張によれば、神は聖霊によってイエスを復活させられました。

神はイエスを聖霊に他ならないご自分の力（二コリント13・4）によって復活させられました。神はイエスを聖霊に他ならないご自分の栄光（ローマ6・4）によって復活させられました。[133] イエスのすべては、御父の聖霊によって抱き取られ、変容されます　イエスは「命を与える霊」（一コリント15・45）、キリストである霊（二コリント3・17以下参照）となられました。

神学が主張する神性の属性のすべては、聖霊の内に、具体化され、ペルソナ化されています。聖霊は全能であり、力の霊です。[134] 聖霊は、神の不朽の命、命の霊です（ローマ8・2）。聖霊は神の栄光、栄光の霊、神の霊です（一ペトロ4・14）。神は聖であり、その聖性は、「聖霊」と呼ばれるお方においてペルソナ化されています。神は愛であり、聖霊は私たちの心に注がれている神の愛です（ローマ5・5）。神は霊であり（ヨハネ4・24）、聖霊も霊です。イエスは、聖霊によって変容され、その人間存在のすべてにおいて神の域にまで高められ、御父の存在様式に従って生きています。**この人はまことに神です。**

イエスは神の子として、まことの神です。復活は父性における神の業、神的出産、イエスの神の子としての聖別です。使徒言行録13・33によれば、神はその瞬間に永遠の言葉を発します。「あなたはわたしの子、わたしは今日あなたを産んだ」と。神がその内にイエスを復活させた霊は、その中で神が御子を産む力です。[135] イエスは、「聖なる霊によれば、死者の中からの復活によって力ある神の子と定められたのです」（ローマ1・4）。イエスの神秘は、ルカ1・35に記されているように、このように展開されます。「聖霊があなたに降り、いと高き方の力（聖霊）がその陰[136]であなたを包む。だから生まれる子は聖なる者（神の神秘の内に聖別された）、[137]神の子と呼ばれる」。聖霊の内なるイエスの復活は、イエスにとって、神としての聖別であると同時に、神の子としての聖別です。イエスは神として生まれた人間です。「キリストはわたしたちの卑しい体を変えてくださる」（フィリピ3・21）。

---

133 力と栄光の霊については、拙著『イエスの復活、救いの神秘』、『神の聖霊』参照。
134 ルカ1・35、24・49、使徒言行録1・8、他。
135 拙著『神の聖霊』『御父、神秘における神』『父と子の霊』参照。
136 聖書が語る、神の栄光である光り輝く雲。
137 TOBの注「この聖という言葉は、神に専属するという意味で、イエスの神性の表現の最古のものの一つである」。ルカ1・35、ヨハネ6・69、使徒言行録3・14、4・27、30参照。

ご自分をモデルとして、私たちの体を、神の子としての聖別にあずからせることによって。

聖パウロは復活した人間の特徴を次のように記しています。「蒔かれるときは朽ちるものでも、朽ちないものに復活し、蒔かれるときは卑しいものでも、輝かしいものに復活し、蒔かれるときには弱いものでも、力強いものに復活するのです。つまり、自然の命の体が蒔かれて、霊の体が復活するのです」（一コリント15・42〜44）。これらの特徴はすべて天の秩序に属し、神によって生きる存在に固有のものです。「朽ちない」、不朽性は神の不死の命の不朽性です。「輝かしい」、栄光は「キリストの御顔に輝く神の栄光」（二コリント4・6）です。「力強い」、力は復活された主の力、神の「並外れて偉大な力」（二コリント4・7）です。

すべては最後の文に要約されています。「自然の命の体が蒔かれて、[138] 霊の体が復活するのです」。土からとられた人（創世記2・7参照）、土のアダムが地に蒔かれ、聖霊の内に変容され、天的に復活します。天の現実、神の不朽の命、神の力、神の栄光である聖霊の内に。人間は神の存在様式にまで高められます。**人間は神化**します。

この恵みは、キリストの父としての神によって与えられ、人間を神の子とします。復活は誕生の充満です。「わたしたちは神の子とされること、つまり、体の贖われることを待ち望んでいます」（ローマ8・23参照）。聖霊は父としての神の力、神の産出力です。神は人間を復活させることによって、人間を産み、「肉と血が受け継ぐことのできない神の国」（一コリント15・50）の「キリストと共同の相続人」（ローマ8・17）とします。人間は「神の子供たちの栄光に輝く自由」（ローマ8・21）の中に入ります。「この人たちは、もはや死ぬことがない。天使に等しい者であり、復活にあずかる者として、神の子だからである」（ルカ20・36）とイエスは言われました。

こうして、ご自分に似せて人間を創造した神の業は完成します。「見えない神の像」（コロサイ1・15）である神のひとり子の神秘の内に。

138　このテキストは、七十人訳聖書による、最初の人間の創造物語に依拠している。

❖

「霊の体」という表現は逆説的です。物質的現実が、神の霊の存在様式に従って変容されます。[139]キリストにおいてすでに、聖霊と物質の驚くべき親和性が現れています。「み言葉は肉となった……わたしたちはその栄光を見た」（ヨハネ1・14参照）。肉の内に、イエスの栄光、神の子としての霊の輝きが現れます。イエスの「胸から」、物質性における彼の存在から、聖霊の生ける水の河が流れ出ます（ヨハネ7・37〜39参照）。人間の体をもって、イエスは御父のもとへ昇ります。彼の体から聖霊の賜物が湧き出るために（ヨハネ7・37、16・7参照）。上からの霊のシンボルである水が、イエスのわき腹から、屠られた体から、血と同時に流れ出ます。霊と体の不思議な親和性は、物質のうちに、神によって神との交わりにまで高められる可能性を想定します。[140]

私たちには、物質と霊とは全く相いれないもののように思われるので、人間が復活においてどうなるのか思い描くことができません。霊において復活しても、人間は地上でそうであったとおりのものです。つまり、自立し、かつ関わりのうちに存在する肉体的ペルソナです。そして復活の時、完全な肉体的ペルソナとなります。

復活したイエスも同様です。彼のアイデンティティーは、地上ではまだ知られなかった力をもって確立されます。かつて彼は一人の人間（フィリピ2・7）、肉によればダビデの子孫（ローマ1・3）でしかないように見えました。今彼は、「死者の中からの復活によって力ある神の子と定められたのです」（ローマ1・4）。全く自分自身となったイエスは、全く関わりの内に存在します。かつては地上的存在の限界の内に閉じこめられ、イスラエルの家

139　「復活の世界について明確に語ることは一切不可能である。……それについてはいかなる観念も抱くことはできないし、必要なことではない。そのような企ては、敢然と放棄すべきである。……物質世界と霊的世界の関連を認めない、静的な、永遠の並置は、歴史の本質的な意味に、神の創造に、聖書の言葉に矛盾する」J・ラッツィンガー『死と「あの世」』（1979）。

140　私たちの理論は、物質はエネルギーであるという、現代科学の理論に一つの根拠を持つ。霊は神の全能のエネルギーであるから、霊と物質は何らかの様式で結合する。聖書を通じて、霊と力は双子の概念である。

だけに遣わされていた（マタイ15・24）イエスは、今や宇宙的存在となり、限界なく、全世界に与えられています。

そのすべては御父の業で、御父は、聖霊の内に御子にそのアイデンティティーを授けられました。聖霊はペルソナ化の原理です。神が父のペルソナであるのは聖霊においてです。神は聖霊において子を産むからです。イエスが子のペルソナであるのは聖霊においてです。聖霊において神の子として生まれ（ルカ1・35）、聖霊において復活する時、神の子のペルソナ化はその頂点に達します（ローマ8・11）。復活されたイエスは、「わたしだ」と言われます（ルカ24・39）。かつて以上に彼自身です。人間としての存在において、彼は万物との関係に入ります。彼は無限にペルソナ化され、命を与える霊（一コリント15・45）、「愛と化した」存在となりました。さて、「わたしたちもイエスのようになります」（一ヨハネ4・17）。

キリストにおいてと同様、聖霊は人間の復活の中で、ペルソナ化の立役者です。[141] 聖霊の働きによって、創造は段階的に進展し、人間のペルソナという頂点に達しました。人間は、「霊の体」（一コリント15・44）として復活する時、ペルソナとしての完全さに達します。彼は新しい名前[142]を受けます。ついに見いだされた彼の完全なアイデンティティーの名前、それは非常に美しい名前で、そこに彼は神の子としての品位ある自分を認め、喜びます（ローマ8・23参照）。関わる能力が全開になります。霊の体となった人間は、愛と化し、関わりにおいて存在します。

すでに地上の生において、体は関わりの媒体ですが、非常に不十分な媒体です。私は体としての存在であると同時に、私は体を所有しています。所有することは、存在することの不完全性です。体を持っているということは、不安定さ、自閉のしるしであり、自由への足枷《あしかせ》です。私の体は、私の「私」、関わりを本質とする私のペルソナに完全に受容されません。体はペルソナを開示するよりは、むしろ覆い隠し、繋《つな》ぐよりはむしろ分離します。

141　聖霊のペルソナ化の役割については、拙著『神の聖霊』『御父、神秘における神』参照。
142　黙示録2・17、黙示録3・12、19・12以下によれば、キリスト自身も復活の時、新しい名を受ける。

聖書によれば、地上の人間の条件は、「肉」であることで、肉の特性は弱さと自閉です。人間が、愛と交わりの霊によって聖化され、「霊の体」となる時、彼は肉体的ペルソナの完全さに達します。

他者の完全な受容を通して、完全な自己贈与が可能となります。人間は、全き透明さの内に、自分を知り、知らせることができます。地上ではどんなに美しい顔もなしえなかったほどに。彼は一人きりであるという悪から、無限の望みを窒息させていた限界から解放されます。体の復活は、相互贈与において可能となる相互親交の神秘であり、聖人たちの交わりを、その真実さの極みにおいて実現します。

この体の霊化は、各人において、おそらく違ったものになるでしょう。地上の人生の間に、体の内に蓄えられた栄光の重み（二コリント４・17、５・10参照）によって。永遠の誕生への遺産は地上の人生の間に準備されます。

交わりは、救いの神秘を表現するための主要な語です。救いの神秘は、三位の神の交わりの中に源泉を有し、そこで成就するからです。

❖

人間のペルソナと彼に固有の物質性の間に新しい関係が立てられます。人間は自分自身の頂点から復活し、自分のペルソナから形成されます。

物質は、聖霊の働きによって、数千年の進化を通じて、ペルソナの品位にまで高められてきました。それ以後、人間は、聖霊の働きによって、そのペルソナにおいて進化します。人間は神の働きに自由に協力することによって、究極の誕生に向かって上昇します。彼の「私」から出発して霊の体に変容されます。彼は自由を通して、新しい人間に創造されるままになります。それはイエスの場合と同じです。イエスは死に至るまでの従順を通して、至高の高みに上げられ、神の子としての存在、すなわち自分自身の頂点から復活させられました。「神は彼を復活させられました。詩編の第二編に、『あなたはわたしの子、今日わたしはあなたを産んだ』と言われているように」（使徒言行録13・33参照）。人間もまた、子としてのペルソナから復活し、神から生まれます。「わたしたちは神の子とされること、つまり体の贖われることを待ち焦がれています」（ローマ8・23）。

復活は地上的人間の再形成ではなく、創造の業の完成、人間の完全な誕生です。復活の体は、地上で彼を構成し、死によって分散した細胞を神が再び集めることによって、再形成されるのではありません。**人間は、死においてすでに神に向かって行った者から誕生し終えます。**[143]

結局、死者の復活の源泉は、人間の創造と神化が始まるところ、すなわち御子の神秘の中にあります。それは地に落ちた麦の種（ヨハネ12・24）、すなわち御父が世界のただ中に産んだ御子がもたらす多くの実の収穫です。

自然における反響

聖パウロは被造物から立ち上るうめきを聞きます。人間が栄光化される日に鎮まるうめきを。「被造物は、神の子たちの現れるのを切に待ち望んでいます。被造物は虚無に服していますが、それは、自分の意志によるものではなく、服従させた方の意志によるものであり、同時に希望も持っています。つまり、被造物も、いつか滅びへの隷属から解放されて、神の子供たちの栄光に輝く自由にあずかれるからです。被造物がすべて今日まで、共にうめき、共に産みの苦しみを味わっていることを、わたしたちは知っています。被造物だけでなく、〝霊〟の初穂をいただいているわたしたちも、神の子とされること、つまり、

143　それゆえ、次のような反論は無効である。どうして体が復活できるのか。地上の人生の間にその分子は分散し、死後、他の生き物によって消化されてしまうというのに。
死者の復活への信仰の名において、火葬の習慣を断罪することはできない。死者の復活は、体を、かつてそれを構成していた分子を集めて再建することにあるのではないからだ。それでも土葬のほうが、地に蒔かれた種の復活に似たものとして、象徴的に、復活信仰をよりよく表現している。

体の贖われることを、心の中でうめきながら待ち望んでいます」[144]（ローマ8・19〜23）。

同じ運命が人と被造物を結びつけます。人間は母なる大地によって生きています。彼は大地の懐で、呼吸し、養われます。大地から離れるなら滅んでしまいます。一方大地は、人間の中でペルソナの品位に生まれます。宇宙は人間がその上に君臨する足台ではなく、人間という花をつける草木のようなものです。草木は、花がしおれてしまえば面目を失います。堕落した人間の中で、被造物は栄冠を失っています。

被造物は、希望をもって「神の子たちの現れるのを切に待ち望んでいます」。神の子たちが、完全な自由を見いだす時、被造物は彼らの「栄光に輝く自由にあずかる」ことになります。なぜなら被造物もまた、「全被造物の長子」であるキリストの内に、キリストに向けて創造されたからです。神の計画における被造物は、以下のように表現される線上に位置づけられます。「一切はあなたがたのもの、あなたがたはキリストのもの、キリストは神のものなのです」（一コリント3・23）。自然もまた、自分が従属する人間を通して、神の子キリストの神秘にあずかることになります。

しかし今のところ被造物は「まだ虚無に服しています」。キリストと神につながる線が罪人の中で断ち切られるからです。被造物と罪人は、どちらも隷属状態にあります。罪の内にある人間は被造物の栄冠ではありません。人間が被造物の上に行使する支配は、しばしば乱用です。人間自身も自分を生かしている自然に隷属しています。自然の掟に服さない限り、自然を自分のために役立てることはできません。[145] 隷属は相互的ですが、人間のほうがより一層隷属的で、死において自然の掟に服します。

144　最良の釈義によれば、このテキストは、宇宙の物理的変容を問題にしていない。文脈によれば、被造物の希望は、今の時の苦しみの後に続く栄光化についての信徒たちの確信を強めるためのもので、被造物自身の栄光化ではなく、神の子らの栄光化に対するものである。被造物は神の子らの自由にあずかることになる。すでにP・ラグランジュは、『聖パウロ、ローマの信徒への手紙』（1931）の中で次のように言う。「パウロのテキストから、自然そのものが変えられるという結論を引き出すことはできない。自然にとって、変化は人間の中で実現すれば十分だというかのようである」。

145　BACON DE VERULAM (1561-1626)「人間が自然に命じるのは、自然に従うことにおいてのみである」。

死者を復活させることによって、神は一コリント3・23で述べられている線を立証し、理想的な宇宙の秩序を創設します。以後、キリストはそのすべての肢体において、「すべてを御自分に服従させてくださった方に服従され」、「すべてはキリストに服従し」（一コリント15・27〜28参照）、すべては人間に服従します。すべてのものの上に君臨するという自身の召命に従って、[146]人間はキリストの主権に参与します。自然もまた、解放され、聖化されます。ついに自由になった人間との一致のうちに、自然は「神の子供たちの栄光に輝く自由」にあずかるのです（ローマ8・21）。

栄光のキリストは、この宇宙の秩序の土台です。この世で彼は無数の二義的な原因に服し、世の掟に従って生き、死にました。「彼は僕の条件をとられた」（フィリピ2・7）。しかし栄光の内においては、ご自分を産んだ御父によってだけ生きておられます。彼の世との関係は逆転します。かつては世の掟に服していましたが、今や彼はその主となられました。創造の頂点である彼は、御父の創造の力に参与することにおいて、その土台でもあります。

「御子はすべてのものよりも先におられ、すべてのものは御子によって支えられています」（コロサイ1・17）。人間は「キリストと共同の相続人」（ローマ8・17）です。かつては人間は自然によって養われていましたが、今や自然は主によって、そして主の体となった人々によって存在しています。

最終的復活における人間は、宇宙との交わりのうちにある人間です。その交わりの前提は、人間という肉体的ペルソナの、聖霊の力による、かつてない充満です。

❖

死者の復活のドグマによって提起される問題のすべての解決は、復活したキリストの内にあります。けれどもイエスの復活は、最も深い神秘です。神がその父性において、聖霊の無限の力のうちに産んだ人間の神秘です。キリストの復活は、受肉の神秘によって補強

146　創世記1・28、詩編8・7。

された三位の神の神秘です。

死者の復活の説明は、測り知れない神秘の内にあります。

以上、復活について、長々と述べてきましたが、今やヨブと共に次のように言う時かもしれません。「わたしは軽々しくものを申しました……わたしはこの口に手を置きます。……そのとおりです。わたしには理解できず、わたしの知識を超えた驚くべき御業をあげつらっておりました」（ヨブ40・4、42・3）。

キリスト者は、イエスの復活を信じています。それは死者の復活でもあります。今すでに復活したキリストの体であるキリスト者は（一コリント12・27）、地上での人生のかなたで、この同じキリストの内に、神が肉体的ペルソナの充満に導いてくださることを希望しています。彼はエウカリスチアを祝い、「わたしの肉を食べ、わたしの血を飲む者は、永遠の命を得る」（ヨハネ6・54）という言葉を聞きます。

彼は信じます。復活におけるキリストほど、神秘的なものは他にないとしても……。

第六章　最後の審判

第一の契約の預言者たちは、神が最終的な裁きを宣言する日を告知しました。それは刈り入れと収穫の日（エレミヤ4・12以下）、火による裁きの日です（イザヤ66・16）。キリスト教の信仰によれば、世の裁きは、世の救い主である方に委ねられています。「神は彼に裁きを行う権能をお与えになった。子は人の子だからである」（ヨハネ5・27）、「イエスは、生きている者と死んだ者との審判者として神から定められた者である」。[147]

救いの神秘のすべては、死んで復活したキリストの内に成就し、いわばペルソナ化されています。「彼はわたしたちのために贖いとなられました」（一コリント1・30）。イエスはその出来事においてとその来臨において救いです。彼は死者の復活です。「わたしは復活である」（ヨハネ11・25）。彼の内に死における人間の清めは完成します。[148] 彼は天です。「神はキリスト・イエスによって共に復活させ、共に天の王座に着かせてくださいました」（エフェソ2・6）。彼は最後の審判でもあります。「今こそ、この世が裁かれる時」（ヨハネ12・31）と、イエスはご自分の死と栄光化について語りました。それは最後の審判の時です。なぜならイエスの過越において、すべては成し遂げられ、世の支配者は追放され、罪は告発され（ヨハネ16・8）、死者は復活するからです。[149] 今こそ裁きが、そこでキリストが復活する聖なる裁きが下されます（一テモテ3・16）。「わたしたちが義とされるために」（ローマ4・25）、彼を信じるすべての人が義とされるために（ローマ3・24〜26）。

イエスの裁きは、ご自分がその内で栄光化された霊の聖性によって行われます。聖なる神、義の神という聖書の表現はほとんど同義です。霊は聖であり、義です。洗礼者ヨハネは、聖霊と火によって洗礼を授けるメシアを予告しました（マタイ3・11）。メシアは聖霊と火によって裁きを行います。イエスが、「生きている者と死んだ者との審判者として神から定められた」（使徒言行録10・42）のは、復活の時、彼自身が霊において義とされ、聖なる

147　使徒言行録10・42、17・31、二コリント5・10、二テモテ4・1〜8。
148　本書第四章参照。
149　同じ主張がマタイ27・51〜53に、物語る形で見られる。「マタイがイエスの死を位置づけた枠組みが、旧約聖書の終末の審判の伝統的なシナリオと一致することは示唆的である」。J.CORRON P.GRELOT『聖書神学の語彙』（1971）から。

霊に満たされた時です。

❖

マタイ25・31〜46において、最後の審判は、荘厳な法廷のように描かれています。そこには宇宙的規模に拡大された裁判のすべての要素があります。被告の召喚、陪審判事（天使たち）、弁論、判決と判決理由、判事の席にまで言及されています。けれども神の働きは、人間の活動を超越しています。神の審判は崇高なものであり、義を実現するものです。この譬《たと》え以上に現実的なのは、パルージアの譬えです。そこで裁きは法廷の枠の外で行われます。主は一方の人たちには天の門を開き、他方の人たちにはそれを閉ざします。[150]「畑に二人の男がいれば、一人は連れて行かれ、もう一人は残される」（マタイ24・40）。審判が下される時、義が実現します。

キリストの審判が、義の実現であることは、それが聖霊において行われることを知れば分かります。なぜなら聖霊はキリストのすべての働きの創造者だからです。最後の日、聖霊は人類をその創造の終極に導きます。

その終極において、創造は救いの充満です。キリストの来臨の目的は世の救いです。[151]「神が御子を世にお遣わしになったのは、世を裁く（罪に定める）ためではなく、世が救われるためです」（ヨハネ3・17）。地上で彼を信じる人たちのために、義とする裁きが行われるように（ローマ3・26）、最後の裁きも義とする裁きです。裁きは死んで復活されたキリストのうちに表現されています。彼において罪は処罰され、命を与える霊の聖性が私たちのために勝利します（二コリント5・15参照）。キリストは、「わたしたちが義とされるために復活させられたのです」（ローマ4・25）。――私たちが復活するために。処罰が行われるとすれば、それは光が闇を払うように、命が死に勝利するような仕方で行われます（一コリント15・54参

150 マタイ25・10～12、および、22・11～14、24・45～51参照。
151 本書第二章参照。

照)。

最後の日の裁きは、人々をキリストと一緒に、永遠の命に復活させる聖霊の力と同一視されます。死者の復活と最後の審判は、唯一の救いの出来事として現れます。キリストを復活させ、死者を復活させる全能の霊の介入は、神の裁き(義)の到来です。裁き(義)は崇高な、創造する裁き(義)であって、その働きは、裁き(義)を受け入れる人々を義とすることにあります。

終末の日のいかなる描写においても、復活と審判は前後するものではなく、[152]同時的です。復活とともに、「世の終わりが来ます」(一コリント15・24)。その時、裁きが行われます。それは、キリストが聖霊において栄光化された時、キリストにおいて義が勝利したのと同じです(一テモテ3・16)。

死者の復活と審判の同一性についての暗黙的な確認が、ヨハネ5・21〜29にあります。

御父は、御子に、命を与えると同時に、裁くという使命を委ねられました。「父が死者を復活させて命をお与えになるように、子も、与えたいと思う者に命を与える。また、父はだれをも裁かず、裁きは一切子に任せておられる」（5・21、22）。キリストは復活させる行為を通して裁きを行われ、信じる者は命に復活するために裁かれます。「わたしの言葉を聞いて、わたしをお遣わしになった方を信じる者は、永遠の命を得、また、裁かれることなく、死から命へと移っている」（5・24）。信じない者たちの復活は裁きに転じます。「善を行った者は復活して命を受けるために、悪を行った者は復活して裁きを受けるために出て来るのだ」（5・29）。[153]

152　一コリント15・23〜28、52〜57、一テサロニケ4・15〜17。

153　「命に導く復活、裁きに導く復活のために」とも翻訳される。この場合、命に定める判決に続く復活と、罪に定める判決に続く復活が考えられる。上記の翻訳はギリシャ語のテキストに一致する（Osty 訳参照）。ヨハネ5・29は、「永遠の命に導く復活」と「恥に導く復活」について語るダニエル12・2から霊感を得て、復活は、命あるいは恥によって特徴づけられている。

すべての人にとって、審判は、裁き（義）が実現するために行われます。ある人々は、復活の命を受け、別の人たちは、裁きを受けることになります。

すべての人において、裁きは救済的です。裁きは命を与える裁き、死者を復活させる力です。けれども終極的義化のために復活させられた人が、自分からその義化に逆らうなら、裁きは断罪に転じます。彼は全くの無意味の中に、存在することを拒む存在の無意味の中に、愛するために彼を創造した愛を受け入れずに敵対するという無意味の中に、自分を閉じ込めます。地獄とはこのような生存の名です。

❖

最後の日の裁きはどのような基準によって行われるのでしょうか。神の至高の裁きは、義を創造する裁き、霊の聖性の中に人間を復活させる裁きです。愛に他ならない霊と等しい裁きは、愛することによって、自分を授与することによって行われます。したがって義（裁き）はまったく無償であり、それ自体がその基準です。神が愛するのは、愛するからです。ほかの理由はありません。神は人間の義を創造されるのであって、義を前提とするのではありません。

命を与える終極的義化――死者の復活を通して――は、人間の善業に帰される報いではありません。どんな人間の業も、恵みとは比較になりません。神は誰に対しても義務を負いません。

しかし、聖書ははっきり言います。「人それぞれの行いに応じて公平に裁かれる」（一ペトロ1・17）と。特に隣人に対して示した愛によって裁かれると（マタイ25・31～46参照）。「わたしたちは皆、キリストの裁きの座の前に立ち、善であれ悪であれ、めいめい体を住みかとしていたときに行ったことに応じて、報いを受けねばならないからです」（二コリント5・10）。

けれども人間がいかなる業を行ったとしても、神に報いを強いることはできません。善業において人は、神が彼の善のために与えようとされる恵みに自分を開くのです。死に至るまで――死ぬ時、人は、愛することができる恵みに無限に開かれた者となるでしょう。若く、謙虚ですが、極めて確かな神学者リジューのテレーズは、そのことを言っています。「功徳は、何かをすることや多く与えることにありません。むしろ受けること、多く愛することにあります」[154]と。さらに「私は神様の前に空の手で出ることになりましょう」[155]と。空の手は、無気力な手でも、怠惰な手でもありません。空の手は、開いた手です。開いた手は、復活の力を受け取ります。イエスは、その死においてさえ、御父がすでに持っているもの以外に、御父に何も与えませんでした。イエスは受け取る御子です。死において、彼は御父に全く同意し、御父は彼を産み、復活させました。彼は神であり父である方を迎え入れる人類の大きな空の手となりました。

最後の審判は、神の創造的な聖性が、人間の中に浸透することです。その生を通して、そして死において、聖霊の力に対して開かれた人間の中に。

終末の出来事として、三つの出来事が予告されています。キリストのパルージア、死者の復活、最後の審判、この三つの出来事は、ただ一つの出来事です。ペルソナにおいて来られるキリストは、復活であり裁きです。ご自分を現すことによって、キリストは人間を彼との交わりの内に引き入れます。「キリストが現れるとき、わたしたちは彼に似た者となるでしょう」（一ヨハネ3・2参照）。彼の裁きはこのようなものです。誰もこの裁きを拒みませんように！

154　リジューの聖テレーズ『手紙』142（セリーヌ宛て 1893.7.6）。
155　『憐れみの愛への奉献』。

第七章　地獄とキリスト者の希望

地獄は、人間の終焉《しゅうえん》についての考察の中に、占めるべき場所を持っているのでしょうか。一見、ないように思われます。地獄は、創造の行為を遮断し、神の子の神秘に一致するように招かれている人間の召命を否定します（一コリント1・9）。神は地獄を創造されませんでした。神の意志に反するものだからです。神はご自分の愛を否定するものを創造されません。神は「光あれ」（創世記1・3）と言われ、「暗闇あれ！」とは言われません。地獄は神の望まないもの、人間の終焉に属さないもの、いかなる意味でも人間の「あの世」を形成しないものです。人間の「あの世」はキリストへの開きの中にあるからです。

神がご自身で地獄の火を付けた、と書かれているではないか、と反論する人があるかもしれません。「呪われた者ども、わたしから離れ去り、悪魔とその手下のために用意してある永遠の火に入れ」（マタイ25・41）。聖書が用いるイメージは、確かに意味のないものではありませんが、それは解釈すべきものです。同じ福音のテキストによれば、キリストは、裁判官のように王座に座っていますが、裁くために席が必要なのでしょうか。キリストはあらかじめ牢を、罪人を投げ込むために火のついたゲヘナを造っておいたのでしょうか。

アンブリクールの司祭は、「奥さま、地獄とは愛さないことです」[156]と言っています。ですから、そのようなものを神は創造されませんでした。

さらに、もっともらしい理屈を持ち出して、「神は正義だ。正義は悪を処罰すべきだ」と言う人もいるでしょう。地獄は、神によって創造された場所でないとしても、少なくとも、神によって課された罰ではないか、と。けれども神の正義（義、裁き）とは何でしょうか。それは罪人を打つことによって行使されるのでしょうか。聖書の中で、正義は聖性に一致し、聖性は人間を聖化することによって行使されます。聖性は、愛である聖霊に一致します。

ここで、再び言わねばなりません。[157]神の裁きは、わたしたちを義とするために復活さ

---

156 G・ベルナノス『田舎司祭の日記』(1936)。
157 本書第四章参照。

れた（ローマ4・25参照）キリストのうちにある義（ローマ3・23〜26）を受け入れるすべての人において行使される、と。したがって「神の愛は天で君臨し、神の義は地獄で行使される」と言うべきではありません。地獄は神の義とは無縁のもの、神の義の拒否です。義は天で勝利し、伝播します。

確かに、新約聖書も旧約聖書と同じように、神の怒りについて語っています。「人間のあらゆる不信心と不義に対して、神は天から怒りを現されます」[158]（ローマ1・18）。けれども旧約から新約への途上で、この怒りの表現の中で、何かが変化しました。「わたしたちは義とされ、神の怒りから救われます」（ローマ5・9参照）。「わたしたちは、神が死者の中から復活させた御子、来るべき怒りからわたしたちを救ってくださるイエスが天から来られるのを待ち望んでいます」（一テサロニケ1・10参照）。神の真正な意志は、イエスの内に表現され、神は、彼において私たちを来るべき怒りから救おうとされます。それゆえ、その怒りは、神の意志に反するものということになるのではないでしょうか。怒りは神の属性ではありません。神は人間の救いを望んでおられます。

神の意志は、すべての人のために死んだキリストの中に刻印されています。神の意志は、すべての人のためのこの死の中に表現されていること以外にはありません。イエスの十字架は、義化をもたらし、断罪に逆行します。旧約聖書の幾つかの箇所の表現によって信じられているように、神が怒りに駆られる、ということはありません。しかし人間は、自分が呼ばれている愛に逆らい、愛が不在の領域の中に身を隠します。人間は愛の神を離れ、愛という名を持たない領域に身を置きます。それが神の怒りと呼ばれているものです。

神は父であり、その神性は御子に対する無限の父性の中にあります。打つこと、暗闇の中に放り込むことは、産む業ではありません。神の正義（義、裁き）は、産むことによって行使されます。地獄は、産むことによって創造する神においても、神の子として生きるよう創造された人間においても、意味を持ちません。地獄は不条理です。

158　X・レオン・デュフール『聖書神学語彙』「先駆者のメッセージから（マタイ3・7）、新約聖書の最後のページ（黙示録14・10）に至るまで、恵みの福音は、神の怒りをそのメッセージの基本的根拠として保持している」。

地獄の永遠性も不条理です。地上で、時間は、その流れにおける生成の時で、実現可能な希望に開かれています。天で、時間は、その頂点における生成の時、充満における現行的実現の時です。神の永遠性は、無限の産出の永遠性です。地獄の永遠性は、硬直した存在の永遠性、運動の停止、閉じた、逆行する、絶望の時間です。それは私たちが時間について持っている観念に反する、逆さまの永遠性です。

けれども不条理は存在し得るのです！　すでに、あらゆる罪は、人間の意味に逆行するので、不条理です。悪魔の世界は不条理そのものです。それは存在し、イエスはそれに対抗しました。「わたしが神の指で悪魔を追い出しているのなら……」（ルカ11・20）。人間にとっても、不条理の地獄はあり得ます。神は人間を愛することによって創造し、人間から愛されるために創造されました。それゆえ神は人間を自由なものとして創造されました。自由がなければ、愛もないからです。イエスは自由の乱用に対して人間を用心させ、神の国からの拒絶という脅威をもって迫りました。

締め出される人々がいるとしても、それは愛と憐れみの神に対する反証にはなりません。愛は、愛し、愛されるために創造します。愛は自分の意志に反して、愛を拒絶する者の心に地獄を出現させます。賜物を、処罰と化すのは人間です。人間は神による創造と反創造の同時性の中に、関わるために創造されたペルソナの絶え間ない破壊の中に身を置きます。

自分の地獄を造る人間がいるのでしょうか。神が地獄へ堕《お》とさないのに、地獄に堕ちる人間がいるのでしょうか。彼らは大勢でしょうか。ある日、一人の弟子が尋ねました。「主よ、救われる者は少ないのでしょうか」。イエスは質問に答えずに、努力するように招きました。「狭い戸口から入るように努めなさい」（ルカ13・23以下）。絶え間ない呼び掛け、絶え間ない警戒、なぜなら入ろうと努めない人々にとって、門は狭いからです。救われる人の数に関しては、それが多いか少ないか、イエスは私たちが知らないままにしておきます。[159] 教会はこの警告を絶え間なく繰り返してきました。しかし教会は多くの成員を、神

159 「招かれる人は多いが、選ばれる人は少ない」（マタイ22・14）という言葉がある。しかし釈義家たちは、↓

のもとで生きていると宣言し、列聖してきましたが、最大の罪人についてさえ、地獄に堕ちたとは宣言していません。

教会は全人類のために祈ります。「これは、わたしたちの救い主である神の御前に良いことであり、喜ばれることです。神は、すべての人々が救われて真理を知るようになることを望んでおられます」（一テモテ2・3、4）。「主はだれかが滅びるのを望んでおられません」（二ペトロ3・9参照）。神の意志は普遍的であり、世に産んだ御子に対する無限の愛に含まれています。「神は世を愛し、独り子を与えられた……世を裁くためではなく、世が救われるために」（ヨハネ3・16以下参照）。すべての人のために御子を産むことによって、神はすべての人のための父となられます。神の救いの意志は、御子に対して抱く愛の内に、普遍的で絶対的です。どんな罪も、この救いの意志には及びません。神の「諾」は、罪人の「否」よりも偉大です。神の「諾」は、別の次元の、神的なものです。被造物の「否」が、無限の「諾」に対抗できるでしょうか。

永遠の地獄の残酷さそのものが、すべての人の父である神が、すべての人の救いのために、その恵みの全能を働かせてくださることを希望させます。地獄に対する恐怖は、神の子を、父の腕の中に飛び込ませます。すべての人に対する御父の愛に全幅の信頼を寄せつつ、彼は言います。「私はすべての人のために、あなたに希望します」[160]と。

けれども神は賜物を差し出しますが、押しつけはしません。人間は自由を保持しています。けれども神は人間が拒否できないような仕方で、差し出すことができないのでしょうか。神は自由の創造者で、神ご自身が、人間を背き得るものにしたのです。では神は、人が自由に自分の救いを受け取るようにできないのでしょうか。[161]

160　G・マルセル『旅する人間――希望の形而上学序論』（1963）。

161　「もし私たちの意志が逆らっても、恵みによって意志を強制してください」（典礼の祈り）。それを「選ばれる者の少数」の宣言としては考えない。マタイ24・22～24において、「選ばれる者」は弟子の共同体のメンバーである。もし、実際、イエスが婚宴の譬え（マタイ22・14）――ルカ14・16～24の並行箇所には、この言葉が欠けている――をこのように結論したとすれば、それは、多くの者（つまり群衆）がイエスの宣教によって招かれたが、その招きに応えた者は、かなり少数であったということを意味する。

地上における人間の自由には限界があります。それゆえ人間の自由は、永遠の運命を決定する決定的な行為を、善においても、悪においてもなすことはできません。罪は人間の最深奥にまで入り込もうとしますが、地上では、人間と全く一つになることに決して成功しません。でなければ、人間は死ぬ前にすでに地獄にいることになるでしょう。

地上の人生から天的な聖性へと移行するためには、非常に聖なる生涯であったとしても、至高の恵みが、超人間的な恵みが必要です。キリストとの交わりの内に、御父に向かって、この世から完全に死ぬ恵みが必要です。自らを堕地獄に定めることになる悪の決定的な選択のためには、人間はその死において、地上で享受していた自由以上の自由を行使する必要があるのではないでしょうか。それは、超人間的というより、非人間的と言ってよい力で、確かに彼の罪の線上にありますが、愛し愛されるために、真理と美のために創造された彼の人間としての存在に反するものです。人間はキリストの内に、キリストに向かって創造され、このキリストは人間の望みのすべてです。キリストは神の永遠の幼年期、神の子の生まれたままの抵抗できない無垢です。彼の魅力は、最も頑なな心の中にも死に至るまで存続している究極的な裂け目の中に、入り込むことができるのではないでしょうか。[162]

死の中で、何が起きるか誰が言いえましょう。死は、創造主の計画の中で、人間を地から天へと過ぎ越させるという目的を持っています。イエスは人間の審判者ですが、それは彼が人間の救い主、弁護者、人間のために死んだ神の子、迷い出た羊をどこまでも探す羊飼いである限りにおいてです。ある人は非常に遠くへ離れることができました。けれども神の子は、受肉において、存在的隔絶の中で、神の命のすべて、力のすべての対極へと、すなわちご自分の死という絶対的な無化の中に、さらに遠くへと押し流されるに任せました。その死は、人間の死を全部合わせたよりも、ずっと貧しい死でした。なぜならそれは

162　このような考えは、ペルソナの法でなく、司法の法に則って考える人にとって、むなしいものに思われるかもしれない。確かに、もし神の裁き（義）が、人間の落ち度を数え、生涯の終わりにそれに見合った罰を課することにあるなら、上記の考察はむなしい。しかし、もし永遠の地獄堕ちが、神の賜物に対する人間の側からの徹底した拒否に起因すると考えるなら、意味がある。地上での生涯の間に犯した罪が、地獄に値する絶対的拒否を構成するとは思えない。

剥奪の極限まで生きられた神の子の死だからです。その死は、その無限大の中に、数えきれない人々を各自の死において包容することができます。しかしながら、その隔絶はキリストの心にとって、限りない従順と受容における御父との最も親密な接近でした。イエスが御父との無限の交わりの中に入られたのは、すべての人のため、つまり、すべての人を、神の子としてのご自分の死の中に抱き取るためでした。

どんな人間も、その不従順によって、イエスがその従順によって離れたほど、遠くへ行くことはできません。イエスの聖性は、すべての罪人の罪を全部合わせたよりも、ずっと広大なものです。どこまでも聖であるイエスの死は、死に向かう存在としての人類の中心に彼を固定します。すべての人がイエスによって、永遠の誕生のうちに死ぬことができるために。

死の瞬間、人間は罪の力から解放されると考えることもできます。世に圧し掛かっている原罪の重荷は人間を誘惑し、欺き、多くの絆で繋ぎ留めます（ローマ5・12参照）。人間は世に入ったとき、その力に引き渡され、今そこから逃れ出ます。彼は「罪人アダム」との絆を超えた瞬間に達し、創造主である御父の力だけに対面します。[163]

偉大な問いとは、死の中で何が起きるのか、という問いでしょう。天使は死ぬことができません。したがって、堕落した天使たちの救いを想像することはできません。この問題は私たちのものではなく、神に委ねるべきです。神が人間を死すべきものとして創造されたのなら、それは死を通して真の命へと導くためです。人間を永遠の命に導き入れるという使命を持つ死は、究極の恵みの時ではないでしょうか。死は、「その上に世の救いがかかっている」御子の十字架のしるしではないでしょうか。[164]「おお幸いな十字架、唯一の希望よ」。[165] 死の中で何が起こるのでしょうか。

163　本書第三章参照。
164　第三章注65参照。
165　賛歌 Vexilla regis と聖金曜日の典礼。

キリスト者はすべての人の救いを望みます。この望みがない人は、「憐れみ深い御父」（二コリント1・3参照）の子と言えるでしょうか。「あなたがたの父が憐れみ深いように、あなたがたも憐れみ深い者となりなさい」（ルカ6・36）。御父は「すべての人々が救われることを望んでおられます」（一テモテ2・4参照）。そこからすべての人のために祈る義務が生じます。「そこで、まず第一に勧めます。願いと祈りと執り成しと感謝とをすべての人々のためにささげなさい」（一テモテ2・1）。キリスト者は祈り、希望します。聞き入れられるという希望がなければ、すべての人の救いのために祈り続けることができるでしょうか。自分自身を愛するようにすべての人を愛しつつ（マタイ22・39）、キリスト者は、自分自身のためと同じように、すべての人のために希望します。神を愛し、神のために、神がすべての人において真の神、すなわち永遠の命のために創造される父であられるようにと、祈り希望します。

希望のよりどころは信念ではありません。「すべての人は救われます。地獄は存在しますが、それは空だと思います」。今日、しばしば耳にするこの種の言葉には、神秘に対する謙虚さに欠けています。希望は謙遜であり、高慢に語りません。希望は「子供のよう、希望は子供です」。[166] 希望は、すべての人のために、愛し、祈り、憐れみ深い全能の父に委ねます。

最大の罪人たち、さまざまな事情で、兄弟たちを殺した人たちでさえ、天に執り成し手を持っています。神は彼らの犠牲者たちを救われます。救われた犠牲者たちは、自分たちを殺した人たちのために祈ります。「敵を愛し、あなたがたを迫害する者のために祈りなさい。父の子となるために」（マタイ5・44参照）という言葉どおりに。神は彼らの祈りを聞き入れられるのではないでしょうか。彼らの喜びが満たされるために（ヨハネ16・24参照）。殺害者たちの幸福は、彼らの犠牲者に永遠に赦しを願うこと、そして犠牲者を通して天の命を受けることです。あらゆる規範を覆し、命を奪った者に命を与えるこのような喜びは、

166　C・H・ペギー『第二徳の神秘のポーチ』。

神的なものではないでしょうか。この喜びは、御子の殺害者たちに永遠の命を与える神の喜びです。

多くの聖人たちは、望みと希望のうちに、すべての人の救いのために祈りました。[167]彼らは聖霊によって燃やされていました。この同じ霊の息吹を受けて、彼らは、数々の希望の言葉を残しました。例えば、「主が私に赦すのに飽きたもうよりも先に、むしろ私の方が、主に背くことに飽きることでしょう」、[168]と。さらに「他者との愛の一致を前提とするなら、人は自分自身のためのように、他者のために望むことができます……この意味で、人は愛のうちに他者と一致している限り、彼のために永遠の命を希望することができます」[169]と。

この希望は教会から労苦を取り去るものではありません。教会は　キリストに従って、最後まで愛のために労苦するよう（一テサロニケ1・3）、励まします。愛は多くの労苦を引き受けさせます（ローマ16・12参照）。「わたしについて来なさい。人間をとる漁師にしよう」（マルコ1・17）と、主は言われます。教会は、可能性としての地獄が、だれ一人のためにも現実とならぬよう、信仰と愛の大いなる労苦を引き受けます。[170]

---

167 H. U. VON バルタザール『万人のために希望する』Paris, DDB, 1987 pp.87-103. 参照。
168 アビラの聖テレサ『自叙伝』19・15。
169 聖トマス・アクィナス『神学大全』IIa, IIae, q.17, a.3.
170 H. U. VON バルタザール『万人のために希望する』Paris, DDB, 1987.
およびG・マルトレ『呪い、地獄堕ち、地獄……』La Vie Spirituelle. 147(1992), pp.59-75. 参照。

第八章　天

神はご自分のために住まいを設けられ、その内にご自分の幸いを見いだされます。その住まいとは御子にほかならず、神は、聖霊――無限の愛する力――において御子を産みます。御子は御父の天です。神はご自分の天を独り占めすることなく、被造物に開きます。御父は世界のただ中に御子を産みます。キリストは、世界の中に建てられ、人類に開かれた天です。そこで人類は、聖霊の内に御父と御子の間にみなぎる愛と幸いにあずかることになります。

天は、神の業の初めにありました。なぜならすべてはキリストにおいて創造されたからです（一コリント8・6）。キリストの内に、神の業はまた、その成就を見いだします。「天地創造の前に、神はわたしたちを愛して、……キリストにおいてお選びになりました。イエス・キリストによって神の子にしようと、御心のままに前もってお定めになったのです。……これは、前もってキリストにおいてお決めになった神の御心によるものです。……あらゆるものが、頭であるキリストのもとに一つにまとめられます」（エフェソ1・4〜10）。

キリスト、すなわち天は、神の業の初めであり終わりです。なぜなら、神ご自身の内において、神の働きのすべては、聖霊の力によって、御子に向かい、御子の内に成就するからです。

キリストの天

イエスは宣教の初めに、「時は満ち、神の国は近づいた」（マルコ1・15）と宣言されました。神の国とは、今日、天と呼ばれるものに、イエスによって与えられた名前です。神の国は、イエスのペルソナにおいて、その活動の内に、世の中に創設されました。「わたしが神の指で悪霊を追い出しているのであれば、神の国はあなたがたのところに来ているのだ」（ルカ11・20）。オリゲネスの名言によれば、「福音書において、イエスはペルソナにおいて、神の国である」。[171]

171　『マタイ福音書講話』このような主張は、古代教会においてしばしば見いだされる（テルトゥリアヌス、↓

けれども、イエスの地上での生涯の間、神の国は隠れた仕方でしか現れませんでした。神の国は、すでに現存していながら、なおも来るべきものです。「神の国は、見える形では来ない。『ここにある』『あそこにある』と言えるものでもない。実に、神の国はあなたがたの間にあるのだ」（ルカ17・20～21）。弟子たちは神の国を待ち、神の国が力を帯びて来る時、栄光のイエスの右と左に座ることを願い出ました（マルコ10・37参照）。「ここに一緒にいる人々の中には、神の国が力にあふれて現れるのを見るまでは、決して死なない者がいる」（マルコ9・1）。マタイはこれを「……人の子がその国と共に来るのを見るまでは……」と解釈しています（マタイ16・28）。

神の国が来て、人の子はその到来を、苦しみと死を通して祝うことになります。「彼らは人の子を……殺す。そして、人の子は三日の後に（すぐに）[172]復活する」（マルコ10・34）。イエスは最高法院で宣言します。「あなたたちはやがて、人の子が全能の神の右に座り、天の雲に乗って来るのを見る」（マタイ26・64）と。ダニエルは永遠の王国を、雲に乗って来られる人の子として描きました（ダニエル7・13）。[173]ダニエルにおいて、人の子は、イスラエル共同体のシンボルですが、同時にその共同体のメシア的指導者をも示しています。イエスはこのシンボルを自分に当てはめ、個人的な意味を強調しました。彼は、死へのプロセスが始まるこの瞬間に、ご自分のペルソナにおける神の国の到来を告げます。

神の国に入る人たちが享受する幸いは、イエスの幸いであり、イエスの幸いにあずかることです。「あなたは今日わたしと一緒に楽園にいる」(ルカ23・43)。僕は主人の喜びの中に入ります(マタイ25・21)。宴会は御子のために準備されますが、イエスはそこに弟子たちを招きます。「わたしの父がわたしに支配権をゆだねてくださったように、わたしもあなたがたにそれをゆだねる。あなたがたは、わたしの国でわたしの食事の席について飲み食いを共にし、……」(ルカ22・29以下)。イエスは食卓の主人であり、同時に僕です。「主人が帰っ

聖キプリアヌス、聖アンブロジウス)。

172　第二章注29参照。

173　新約聖書は、ダニエルのこのテキストをたびたび引用する。マタイ25・31、マルコ13・26、ルカ17・22〜30、使徒言行録7・55以下、黙示録1・13。

て来たとき、目を覚ましているのを見られる僕たちは幸いだ。はっきり言っておくが、主人は帯を締めて、この僕たちを食事の席に着かせ、そばに来て給仕してくれる」（ルカ12・37）。イエスは、最後の晩餐の時と同じように、永遠にこの食卓の奉仕者です。「わたしはあなたがたの中で、いわば給仕する者である」。[174]

婚姻が宣言され、神の国は婚姻の祝いとなります。「天の国は、ある王が王子のために婚宴を催したのに似ている」（マタイ22・2）。すでに初めの契約は、神とイスラエルの間の愛の祝祭でした。[175]イエスはメシアである花婿です（マルコ2・19）。神の国は、花婿を出迎えに行く若い乙女たちのようで、彼女たちは花婿と共に祝宴の部屋に入ります（マタイ25・1〜10参照）。

最後の晩餐の席上で、イエスはメシア的祝宴の啓示をその頂点にまでもっていきました。「神の国で新たに飲むその日まで、ぶどうの実から作ったものを飲むことはもう決してあるまい」（マルコ14・25）。[176]ルカはこの言葉を、正当にも、[177]エウカリスチア制定の前に置き、次のように表現しています。「苦しみを受ける前に、あなたがたと共にこの過越の食事をしたいと、わたしは切に願っていた。言っておくが、神の国で過越が成し遂げられるまで、わたしは決してこの過越の食事をとることはない」（ルカ22・15～16）。それゆえメシア的食事は、過越の食事となります。しかしその成就は、イエスが廃止する前表的祭儀を超えて祝われます。この成就した過越の小羊とは何でしょうか。神の国の過越の食事の先取りとして、イエスはエウカリスチアを制定し、「あの世」の神秘的な食事を照らす光を与えました。イエスが新しい過越の小羊です。エウカリスチアにおいてと同様に、イエスは天の食卓の主人であると同時に奉仕者、食べ物であり、杯です。エウカリスチアのシンボルのうちに、神の国は、天の過越の食事として現れ、イエスがその屠られた小羊です。

174　ルカ22・27、ヨハネ13・13参照。
175　ホセア2・16、18、イザヤ50・1、エゼキエル16・8。
176　マタイ26・29は、「あなたがたと共に新たに飲む」と加える。
177　P・ブノワ『ルカ22・15～20における最後の晩餐の物語』RB48（1939）。

それゆえ天はすでにこの地上で開始されます。それは教会の命の深奥にある「あの世」です。イエスは弟子たちがまだ地上の命を生きているうちに、彼らをご自分に結び付けることによって、神の国に迎えます。「行ってあなたがたのために場所を用意したら、戻って来て、あなたがたをわたしのもとに迎える。こうして、わたしのいる所にあなたがたもいることになる」（ヨハネ14・3）。御父の懐の中におられるイエスと弟子たちの間に、相互の交わりが開始されます。「かの日には、わたしが父の内におり、あなたがたがわたしの内におり、わたしもあなたがたの内にいることが、あなたがたに分かる」（ヨハネ14・20）。天はこの相互の交わりの中で開始されます。

聖パウロは、「キリストの内に」いる、キリストは「わたしたちの内に」おられる、という表現をしばしば用いながら、次のように言うことができました。「わたしたちの本国は天にあります」（フィリピ3・20）、「御父は、わたしたちを闇の力から救い出して、その愛する御子の支配下に移してくださいました」（コロサイ1・13）。この御子の国は、イエスの過越の最初の同伴者、良き盗賊に開かれました（ルカ23・43）。

したがって私たちは天がどこにあるか知っています。天を宇宙のどこかに位置づけるあらゆる試みを警戒し、「天は場所ではなく、至福の状態である」と言われることがよくあります。しかし天は一つの場所です。とはいえ、宇宙的な場所ではなく、ペルソナ化した場所です。「（憐れみ豊かな神は……）わたしたちを天の中に、キリスト・イエスの中に座らせてくださいました」（エフェソ2・5参照）。イエスは宣言されました。「わたしは地上から上げられるとき、すべての人を自分のもとへ引き寄せよう」（ヨハネ12・32）と。死において栄光化されたイエスは、引力と収束の中心、そこで人々は彼と結ばれ、相互に結ばれます。天はまさに一つの場所、しかしこの場所は、イエスです。[178] 天は至福の状態でしょうか。状態というより、至福を与える出来事です。キリストが永遠に来臨する王国であるのは、その死と復活においてです。「このキリストは……贖いとなられたのです」（一コリント1・30）。彼は救いの実現であり、聖人たちはその救いにあずかります。エウカリスチアは神の国のシンボルで、神の子らは「成就した過越」（ルカ22・16参照）の会食者です。天にお

178　リジューの聖テレーズ『詩』40「なぜなら、天は、イエスさまご自身だから」。

いても、地においても、すべての人が同じ食卓に着きますが、両側に座ります。一方の側の人たちは光に満ちていますが、もう一方の側の人たちは、彼らの地上の生の影の中にいます。彼らの真ん中に、屠られた小羊が立っています。彼らは同じ過越にあずかることによって唯一の体を構成しています（一コリント10・16以下参照）。

創造の初めから、人類は、空間と時間の中に分散し続けてきました。イエスはその過越において、散らされた神の子らを集めます（ヨハネ11・52参照）。イエスは空間の中に散らされていた彼らを連れ戻し、一つの場所、すなわちご自分の体の中に集めます。そこで彼らはその肢体となります。イエスは時間の中に散らされていた彼らを連れ戻し、歴史の唯一の瞬間、すなわちご自分の死の瞬間に集めます。そこで御父は聖霊の充満の中で彼を産みます。世の初めから人類はキリストに向かって創造されました。天は彼らの漸進的創造が収束する頂点です。

三位一体の天

天で、人類はキリストの内に住まいますが、キリストご自身は三位の内に住まいます。キリストの内にあって、人類は聖霊において御父によって生きます。天はキリストであると同時に三位一体です。

地上での誕生の時から、そして地上での生涯を通じて、[179]イエスは聖霊において御父が産んだ御子です（ルカ1・35）。けれどもイエスは、その死と栄光の中で、地上から上げられることによって、三位一体の神秘の中に完全に内在化しました。彼は永遠の霊の内にご自分を献《ささ》げ（ヘブライ9・14）、この同じ霊の内に復活させられました（ローマ8・11）。御父は、聖霊の命を与える力の内に、聖霊という神的懐の内にイエスを抱き取り、彼を復活させる

179　マタイ3・17、ヨハネ1・33以下参照。

ことによって、神の子としての充満に導きました。「それは詩編の第二編にも、『あなたはわたしの子、わたしは今日あなたを産んだ』と書いてあるとおりです」（使徒言行録13・33）。

イエスは聖なる住まいであって、そこにおいて、三位一体の神秘が世界のただ中で実現します。イエスはまた、この住まいの門です。なぜなら彼は人類のための神の子であり、彼の誕生は人類のためのものだからです。人類はこの門を通って聖なる三位一体の中に入ります。この門は、イエスの死において、彼らに開かれました。

キリストも聖人たちも、三位一体の中に空間的に住まうわけではありません。御父は御子の内に、御子は御父の内におられます。イエスは信ずる者の内に生き、信ずる者は彼において生きています。聖霊は信ずる者の中に住まい、信ずる者は聖霊の内に住まいます。このような相互内在は、空間的秩序には属しません。人は家に住まいますが、家が彼の内に住まうことはないからです。ここで言う相互内在とは、相互に愛し合う人々の間において実現するような、親密な相互関係の現存です。その関係の中で、各自は相手の心を自分の現存によって満たします。そのような関係は、とりわけ、聖霊の内に、御父と御子の間で実現します。それは愛の関係で、そこで各自は相互に住まう者であると同時に住まいなのです。

御父と御子と聖霊の現存は、聖人たちの心の中で、各ペルソナの固有性に従って多様化します。ペルソナ間の相違は非常に大きく、無限とも言えます。御父は産むペルソナです。御子は、無限の受容性において神の子であるペルソナです。聖霊は働くペルソナで、神のすべての業は聖霊の内に成就します。聖霊の力の内に、神は最も重要な御業《みわざ》、すなわち御子を産む御業を行われます。聖霊は愛であり、その中で御父は自分から出て御子へ向かい、御子は無限の受容性の内に御父を迎えます。この無限の多様性の中で、三位は聖人たちの心に住まい、彼らを幸いな者とします。

神の三つのペルソナは、三位が互いに対して果たす役割を、聖人たち一人ひとりに対しても果たされます。互いに対して父と子と聖霊である三位の神は、人間に対しても、父と子と聖霊であることを、喜びとされます。このようにして、三位の神は聖人たちの中に住み、聖人たちが三位の神の内に住むことになります。御父は人間の中に彼の父として住まい、御子に対して行使される父性を彼に対しても行使されます。御父は、御子の内に、産む方として現存されるように、聖人たちの中にも現存されます。御子は産み出された者として聖人たちの中にも現存します。それは彼も、御子の内に、真の神の子であるためです。聖霊は、その中で御父が御子を産み、御子が産み出される、愛する力として人間の内に現存されます。すべてはこの神的な産出力である聖霊の内で成就します。聖人たちは、聖霊の内で「子化」されます。聖霊は、彼らの命、天の至福です。

　三位は、すべての聖人たちに対してご自分を与えますが、それには聖人たち各人によって非常に大きな程度の差があります。聖霊は愛であり、その働きは愛の程度で測られます。三位の現存の程度は、聖人たち各人の愛の程度に対応します。[180]

キリスト的、三位一体的至福

「そのときには、顔と顔とを合わせて見ることになる」（一コリント13・12）。この観想の中で、人はついに永遠に幸いな者となります。人は何を見るのでしょうか。「究極の完全な至福は、神の本質のヴィジョンの中にしかありえない。完全な至福は、知性が第一原因の本質そのものにまで到達することを要求する」。[181] しかし、イエス・キリストにおいて、神は無限の存在、あらゆるものの原因としてだけでなく、父として、とりわけ聖霊の内に、神のひとり子の父として自分を現されました。私たちはさらに、天での生は、信仰のうちに地上で生きられ、その充満に達したキリスト者の生に他ならないことを知っています。このキリ

180　神学は常に三位の現存が、愛と相関関係にあることを常に理解してきた。神の働きは、あらゆるところに現存するが、三位の現存は、生命のない、非ペルソナ的被造物には欠けており、これらは愛することができない。三位は、隣人への憎悪を宿している人間の心にも現存することができない。

181　『神学大全』Ia, IIae, q.3, a.8.

スト者の生は、神性の知的認識とは別のものです。さらに天は、福音書の中で、愛のうちに祝われる共同体的祝祭として、婚宴として描かれています。上記の定義は、天の至福のこの面を看過しています。

地上でのキリスト者の生は、キリスト的、三位一体的であり、天も、その幸いも同じくそのようなものです。それはイエスが望み、御父から受け取り、彼に属する者たちと分かち合う幸いです。「父よ、今、御前でわたしに栄光を与えてください。……わたしの喜びが彼らの内に満ちあふれるようになるためです」（ヨハネ17・5、13）。

❖

神の子イエスは、人間の天、喜びの場です。したがって幸いとは彼との交わりのうちに生きることです。地上でパウロは「主から離れて」、追放の身であることを感じていました。彼は「いつまでも主と共にいる」（一テサロニケ4・17）ために、「この世を去って、キリストと共にいたいと熱望して」（フィリピ1・23）いました。「共にいる」ことは、愛の望みです。パウロはキリストのそばで生きることだけでなく、相互内在の内に生きることを熱望していました。この地上からすでに、教会は、自分の花婿である主を、そのような内的交わりの中で「知ること」を始めます。「わたしの肉を食べ、わたしの血を飲む者は、いつもわたしの内におり、わたしもまたいつもその人の内にいる」（ヨハネ6・56）。内的交わりによる認識は、同じ死の分かち合いの中で実現し、そこで二者は一緒に生まれます。イエスは、このようにご自分の者たちを知るために、死ななければなりませんでした。「わたしは自分の羊を知っており、羊もわたしを知っている……わたしは羊のために命を捨てる」（ヨハネ10・14、15）。信ずる者は愛のうちに知るために死ななければなりません。「死に定められたこの体から、だれがわたしを救ってくれるでしょうか」（ローマ7・24）と、パウロは嘆きます。「肉」の体は、自分を閉ざし、徹底的に自分を与え、相手を受け入れることを妨げます。「かの日」、死と復活の過越の日において初めて、「あなたがたは分かるだろう……あなたがたがわたしの内におり、わたしがあなたがたの内にいることを」（ヨハネ14・20参照）。

天上の教会の幸い！　天上の教会は、同じ一つの体の中に一つとなって、すなわち自分の花婿である主の体の中で生き、彼の唯一の死を分かち合い、彼の永遠の誕生の喜びの中で生きています。「わたしたちは、キリストと共に死んだのなら」（二テモテ2・11）――キリストと共に同じ死を死ぬ恵みは永遠です。キリストは御父へ向かうご自分の死の中で永遠化されているからです。[182]「あなたがたはキリストと共に復活させられたのですから」（コロサイ3・1）――神の内にキリストと共に誕生する恵みも永遠です。キリストが御父から生まれるのは、永遠の今日だからです。死と誕生ほど、個人的で、分かち合えないものと見えるものはありません。しかし、キリストと教会は、死と誕生を共有しています。死は、根本的な断絶であるかのように見えますが、無限に相反するものとなりました。キリストと教会の婚姻は完全で、その親密さは測り知れません。大いなる愛は死に憧れます。それは壊されることではなく、満たされることへの願望です。天的な幸いは、永遠に愛の死の中で生きることです。[183]

❖

死の中で生きる幸いは、神の子イエスの幸いにあずかることです。それはキリストとの交わりのうちに、聖霊に他ならない愛の中で神から生まれるキリストの神秘の中で生きることです。天的な幸いは、三位の神の中で生きることです。

ある日、イエスは「聖霊によって喜びにあふれて」（ルカ10・21）、ご自分の神であり父である方をたたえました。イエスはただ、「神的本質」（神性）の至福直観を有していただけでなく、ご自分に対する神の父性の至福直観を有していました。「天地の主である父よ、あなたをほめたたえます。これらのことを……幼子（第一にわたし）のような者にお示しになりました。そうです、父よ、これは御心に適うことでした。すべてのことは、父から私に任せられています。父のほかに子を知る者はなく、子と、子が示そうと思う者のほかには、父を知る者はいません」（マタイ11・25〜27参照）。神とイエスの相互認識は、父と子の

182　本書第三章参照。
183　リジューの聖テレーズの愛の情熱は、そのようなもので、その最高の望みは「愛で死ぬこと」であった。聖女が最高の恵みとして望んでいたことは、日常の恵みとして与えられていた。

それです。神の神秘は、無限の御子の無限の父であることで、イエスの神秘は、その受肉のうちに無限の御子であることだからです。栄光化されたイエスは、全く御父の懐の中で生きています。こうしてイエスは、神のご自分に対する父性の完全な体験を通して、顔と顔とを合わせて神を見ています。[184]

誰がイエスの天的な幸いを語り得ましょうか。誰が御父から永遠に生まれる幸いを、完全な交わりの中で無限に自分を受ける幸いを語り得ましょうか。愛と感謝のうちに、賛美しつつ観想する幸いを、地上で、「アッバ、父よ！」という叫びのうちに爆発した幸いを。イエスだけが神を、その全き父性のうちに知っておられます。なぜなら、イエスは神のひとり子だからです。しかし神の子としての喜びを、イエスはご自分に兄弟として与えられた人々に分かち与えます（ローマ8・29）。私たちのための神の御子であるイエスは、私たちのために三位の神の中に住まわれます。イエスはその住まいの門でもあります。イエスは聖霊によってご自分と共に生まれた人々を父の懐の内に入らせます。

人間は、キリストとの交わりを通して、神をその父性において知ります。彼らは「神の相続人、キリストとの共同相続人」（ローマ8・17）です。イエスは、顔と顔とを合わせて見る至福直観の仲介者です。「わたしは道……である。わたしを通らなければ、だれも父のもとに行くことができない」（ヨハネ14・6）。地上ですでに御父に近づく道でしたが、天上では、かつてなかったほどに、道であり、父の子となることの、父を知ることの仲介者です。

184　この父なる神の体験を、イエスはすでに地上の生涯中にしていた。それゆえ、彼はその人間性において（少なくとも魂の先端で）、すでに至福直観を享受し、宇宙的知識と天的至福を有していたと、しばしば言われる。イエスが有していた神的知識のこのような理解の仕方は、過越の神秘と、三位の交わりの神学の文脈の中においてよりむしろ、神的本質の直観的ヴィジョンの文脈の中にふさわしく位置づけられる。しかし、このような知識は、真正の地上的人生、イエスが自認していた幾つかの無知、あるいはゲッセマネとカルワリオの測り知れない悲嘆と両立するだろうか。またこのような至福直観は、イエスの神の子としての特殊性にそぐわない。イエスは神のひとり子として、独自の神理解、すなわち自分に対する永遠の父としての神を知っていた。それは「至福直観」と言うより、同じく不十分な表現であるが、「神の子としての意識」と言う方がふさわしく思われる。イエスはこの「神の子としての意識」を常に享受し、それは復活の栄光のうちに、全き明晰さに達する。この子としての意識は、三位一体的性格を有し、地上でのイエスの無知と測り知れない精神的苦悩と矛盾するものではなく、むしろこの苦悩を増すものであったかもしれない。

聖人たちは、顔と顔とを合わせて神を見ています（一コリント13・12）。キリストの仲介によって、彼らの認識は直接的です。キリストは彼らの仲介者ですが、媒介者ではありません。キリストはご自分の直接的な神体験を彼らに分かち与えます。彼らの認識は、彼らの誕生に等しく、キリストにおいて、そしてキリストと、キリストの内にある人々を産む御父の働きによって生起します。彼らは御子と共に生まれることによって、御父を知ります。

かつて神学者たちは、永遠の至福が人間の中に入ってくる際、主に働く能力は、知性か意志か、ということを問題にしました。けれどもこれは空しい議論ではないでしょうか。神の指は、人間の深奥に、「私」としての人間に触れます。神はそこから彼を産みます。天的な幸いは、人間の深奥から、彼のペルソナから湧き出るものです。人間は、神をその神秘において、すなわち神から生まれたことによって、その父性において知ります。このような認識は命です。「永遠の命とは、彼らがあなたを知ることです」（ヨハネ17・3）。神は、ご自分の父性を人間の中に成就しつつ、ご自分を父として啓示します。人間が神を知るのは、神の子としての経験においてです。

イエスが神の御子であるのは聖霊の内においてで、彼は、聖霊という神的な産出力の内において御父を知ります。信ずる者も同じことで、彼らが神から生まれるのは、聖霊という働きの内においてで、彼らは聖霊の内に御父を知ります。イエスは弟子たちに「彼らを全き真理に導く」（ヨハネ16・13）聖霊を約束されました。そして神の全き真理は、その無限の父性のうちにあります。「わたしはあなたの名を現しました」（ヨハネ17・26）――父というあなたの名を。天上で聖霊は、人間を、父の全き認識へと導き入れます。それはキリストと全く、一緒に生まれるという恵みを与えることによってなされます。**彼らは、この共に生まれる**（CO-NAISSANCE＊）**歓喜の体験の中で、顔と顔とを合わせて神を見ます。**

神は、愛の内に、ご自分から出て、御子を産みます。「愛は恍惚（脱自）をもたらす」。[185] 聖霊は、父性における御父の力、無限の愛です。「彼らは三位、すなわち、愛する方、

185　偽ディオニュシオス、聖トマス・アクィナス『神学大全』Ia, IIae, q.28, a.3, sed contra.

＊訳注：CO-NAISSANCE は、一語として、「知ること」、「認識」を意味する。

愛される方、そして愛です」。[186]彼らは三位、すなわち父と子と聖霊であって、彼らの愛である聖霊の内に、彼らは父であり子です。人間はキリストと共に、この愛の霊の内に産み出されます。天的認識は、命の経験的認識であって、聖霊という愛の力の内に、神の父性に全く支配されることから生まれる認識です。聖人たちはキリストと共に愛の内に生まれ、愛の内に認識します。

そのような認識は、すでにこの地上で萌芽的に与えられています。教会は知ることを欲する時、聖霊に祈願しますが、それは聖霊が真理であり光であるからではありません。二つの称号を要求できるのはイエスです。[187]しかし聖霊は、知る力を与えることによって、「全き真理に導きます」（ヨハネ16・13）。聖霊は愛であり、交わりに導き入れる方だからです。霊的な認識は、心の認識であって、神の神秘との愛による交わりの中で、神の神秘の体験の中で、心の目が開きます（エフェソ1・18参照）。「知る力と見抜く力とを身に着けて、あなたがたの愛がますます豊かになり、本当に重要なことを見分けられるように」（フィリピ1・9～10）。天上で、父子関係の充満のうちに、認識の交わりは充足します。

愛の霊は、生きる喜び、父性における神の喜び、子性におけるイエスの喜びです。「イエスは、聖霊の働きによって、喜びにあふれて言われた——父よ！」（ルカ10・21）。「聖霊の喜び」は常套句です。[188] それは御父をエクスタシー（脱自）の内に御子に向かわせ、御子を御父の腕の中に投げ込むあふれる喜びです。それは、愛によって御子を産む父であることの神の喜び、愛によってこの御父から生まれる御子の喜びです。聖霊は愛であり、愛することの喜びです。「神の霊は宇宙を満たし」（知恵1・7）、神ご自身を喜びで満たします。

イエスは神の子としての喜びを、ご自分に属する者たちと分かち合われます。聖霊は交わりで、聖霊の喜びは共同体的だからです。「わたしはわたしの父の国であなたがたと共に新たにぶどう酒を飲むだろう」（マタイ26・29参照）。「だれもこの喜びを彼らから奪うことはありません」（ヨハネ16・22参照）。なぜなら誰もこの喜びをキリストから奪うことができないからです。キリストは、彼らのための、聖霊における神の子です。

186　聖アウグスティヌス『三位一体論』8, 14. CCL 50, 280.
187　ヨハネ9・5、14・6。
188　使徒言行録13・52、ローマ14・17、ガラテヤ5・22、一テサロニケ1・6。

共同体的天

地上ですでに、信ずる者はエクレシアを形成しています。エクレシアは、父である神と主キリストの内に（一テサロニケ1・1）、聖霊の交わりの中で（二コリント13・13）集められた共同体です。

天を語る聖書的な多くのイメージは、その共同体的な喜びをたたえます。宴会場、婚宴、神の国をその成就とする過越の食事という賛嘆すべきシンボル、エウカリスチアにおいて集まり、互いに愛し合うようになる十二人のグループ。「交わり」は、「永遠の命」の別名です。「わたしたちが見、また聞いたことを、あなたがたにも伝えるのは、あなたがたもわたしたちとの交わりを持つようになるためです。わたしたちの交わりは、御父と御子イエス・キリストとの交わりです。わたしたちがこれらのことを書くのは、わたしたちの喜びが満ちあふれるようになるためです」（一ヨハネ1・3、4）。個人の救いでさえ、交わりとして表現されています。「見よ、わたしは戸口に立って、たたいている。だれかわたしの声を聞いて戸を開ける者があれば、わたしは中に入ってその者と共に食事をし、彼もまた、わたしと共に食事をするであろう」（黙示録3・20）。

人間はペルソナとして、関わるために創造されています。一であり、複数で語る――「我々にかたどり、我々に似せて、人を造ろう」（創世記1・26）――神、キリスト者が三位であると知っている唯一の神の像として。神は人間を、自分自身の内に閉じ込める「肉」に死なせることによって、独りであるという悪から解放し、復活の力によって、関わりの充満に導かれました。神の像であるキリストの内に、結ばれている存在、ご自分を与える存在とされました（二コリント3・18参照）。

天上で、人間は多数であり、一人です。キリストに向けて創造された人間が、彼ら全体の創始者となったキリストと完全に結ばれるからです。唯一の御子へのこの普遍的集中において、一体化は完全です。「すべての人は唯一の体、唯一の霊となる……この一体化の絆こそ、栄光である」。[189]

彼らの一体化は、ただ彼らの霊によるのではなく、聖霊によるものです。御父は聖霊によってキリストの内に彼らを創造し、聖霊によってキリストへと導かれます。御父と御子は、二者の内なるペルソナ、[190]二者が共有する聖霊の不可分性において結ばれます。聖霊は、御父と御子の霊、二者の唯一の中心です。今や聖霊は、すべての聖人たちの中心で、彼らを互いに結びつけ、自分を全く与える能力、互いを受け入れる能力を授けます。聖霊の力によって、彼らはかつてないほど自分自身と同一化しますが、分離不可能です。なぜなら彼らの霊となった聖霊のペルソナが不可分であり、彼らを御父と御子の一体化の中に住まわせるからです。「かの日（イエスの永遠の過越の日）には、わたしが父の内におり、あなたがたがわたしの内におり、わたしもあなたがたの内にいることが、あなたがたに分かる」（ヨハネ14・20参照）。

多数であり一体である彼らは互いのために存在します。万人のための死の中で、万人のために復活した（二コリント5・15）万人のための御子イエスが、万人のための存在、命を与える霊（一コリント15・45）となったように、聖人たちもまた、聖霊における彼らの変容の度合いによって程度の差はあるものの、すべての人のための存在、命を与える霊となります。こうして彼らは互いによって豊かにされます。自分が所有する富を分かち合うことによってではありません。天では誰も何も所有しないからです。彼らの富は聖霊であり、聖霊は分配される善である以上に、結合の絆です。聖霊の内に完全な形でペルソナ化した聖人たちは、御父と御子のように、自分のもの、あなたのものという区別を知らず、私とあなたの対話しか知りません。彼らの富は交わりのうちにあることです。

この兄弟的交わりは、地上で兄弟たちを結びつける絆以上に、それと比べられないほど親密なものです。同じ両親からとはいえ、彼らは互いに別々に生まれ、地上の生涯を通じて、

189　ニュッサの聖グレゴリオス『雅歌講話』hom. 15. PG44. 1116s.
190　H.MUHLEN の表現 Der heilige Geist als Person, Munster, Aschendorll, 1963, p.164.

ますます離れていきます。神の子らは、聖霊という神の母胎の中で生まれ、生きています。聖霊の内に、キリストと共に御父から生まれた彼らは、地上の生涯を通じて、ますます接近し、死において、永遠の誕生の唯一の瞬間の内にあるキリストに完全に結ばれ、キリストの中で一緒に生まれます。

兄弟的親密さである、天上の共同体は、相互に母的でもあります。互いに愛し合う二人は、互いのために生きるだけでなく、互いによって生きています。各人は受けた恵みの度合いに応じて、互いのために、天のエルサレム、私たちの母（ガラテヤ4・26）である全教会と同じものになります。聖霊は単に結び合わせる絆ではなく、出産の母胎だからです。

この兄弟的、母的教会は、主の母マリアの中に、いわばペルソナ化されています。聖母は一人ひとりに非常に親しい姉妹であり、すべての人の母です。イエスはカルワリオで、聖母をご自身に結びつけました。そこに神の民の忠実な現存があるために。彼は弟子を指して、「これはあなたの子である」と、聖母に言われました。教会のすべての恩恵に満ちあふれる聖母は、天的な交わりの中心、すべての人のための聖女、私たちの母です。

聖なるマリアと同じように、各々の聖人たちも、キリストにおける彼自身の聖化の度合いに応じて、他者のための泉です。恵みは分配されることができません。恵みは、各人に固有の存在様式で、所有物ではないからです。しかし恵みは、ペルソナに働きかけ、交わり可能なものとすることによって、各人を聖化する度合いに応じて、他者を富ませます。聖霊は、御父と御子を結びつけるように、「互いを結びつける」[191]絆です。御父と御子が互いのために、互いによって富んでいるように、各人も他のペルソナによって富まされます。

では、聖人たちは、どのようにして、他者を自分の聖性にあずからせるのでしょうか。彼は、その聖性ゆえに、自分を彼らに結びつけ、自分を彼らに与えます。彼はキリストのように、「命を与える霊」（一コリント15・45）、愛と化した存在で、自分のすべてを与え、伝達します。キリストはご自分の者たちにご自分を与え、彼らと自分を結びつけることによっ

191　第二バチカン公会議『教会憲章』49「キリストに属するすべての人々は、キリストの霊をもち、一つの教会を構成し、キリストにおいて互いに結びついているからである」。

て、彼らをご自分の体の肢体とし、ご自身によって彼らを富ませます。エウカリスチアがその例証で、そこでキリストは、ご自分を与えることによって信ずる者を富む者とします。自分を与える力、他者の富となる力は、聖霊が彼らを生かす度合いに応じて、キリストによって授与されます。彼らもまたエウカリスチアで、互いの者となることによって、互いを豊かにします。彼らは互いにとって天です。[192]

この分かち与えられる富は非常に高価です。他者がそのペルソナの高い品位において与えられる者の特権に比べれば、この世のすべての財宝も無に等しいものです。二人のペルソナが唯一の愛の内に、互いに親密に相手の者となることに比べられる宝はありません。この富は、御父と御子の、聖霊の無限の愛の内なる交わりである神の神秘にあずからせます。

人はもはや、より大きな栄光が与えられる人々をうらやましいとは思わず、むしろそれを喜びとします。[193] 彼らの栄光は聖霊の交わりの栄光であって、栄光の保有者は他の人々と結ばれ、彼らの富となるからです。ある聖人の栄光が偉大であればあるほど、彼はその栄光自体によって他の人々と結ばれ、彼らのものとなります。聖なる者は、他者のための聖なる者です。自分の夫が、血統において王子であることをうらやむ妻がいるでしょうか。彼女は、王子が彼女に抱く愛によって王妃になります。恵みに満ちた方、主の母が与えられている人々はなんと富んでいることでしょうか。そして聖母はすべての人のものです。神の国で最も小さな者も、偉大な者たち、最も偉大な者たちが彼に抱く愛のおかげで富んでいます。彼らは愛によって彼のものだからです。神の国で最も偉大な者は、万人の僕です。彼らは万人のための聖人だからです。「あなたがたの中でいちばん偉い人は……仕える者のようになりなさい」（ルカ22・26）という掟は天でも有効です。

192　反対に、エゴイズムの世界では、「地獄とは他者である」。

193　リジューの聖テレーズ「母がその子供たちを誇りにするように、私たちは、少しも嫉妬することなく、互いを誇りにすることになるでしょう」。「神様は、聖人たちが祈りによって恵みを譲り合うことをお望みです。天で彼らが大きな愛で愛し合うために。……天では無関心なまなざしに出会うことはありません。なぜなら、すべての選ばれた者たちは、自分たちが互いのおかげで栄冠を受ける恵みをいただいたことを知っているからです」（『最後の対話』）。

主イエスは、万人の糧《かて》、命を与える霊となった万人の奉仕者です。彼の栄光は、豊かに実を結ぶ麦の種となることです（ヨハネ12・23以下参照）。ご自分の聖人たちの内におられるキリストの栄光も同じです。「彼の内にとどまるなら、豊かに実を結び、その実は残る」（ヨハネ15・5、16参照）。彼らは他者のための命の泉です。彼らが与える恵みは、永遠に兄弟的、母的です。

イエスが、自分の来る日に、忠実な良い僕たちに多くのものを管理させようと約束された時（マタイ25・21）、彼はそのことを言っていたのではないでしょうか。一人には十の町の管理を、もう一人には五つの町の管理が委ねられます（ルカ19・16〜19参照）。各自与えられた恵みに従って、キリストの王権に参与することになります。それは永遠の命を与えることです。

この最後の日に至るまで、地上に人々がいる限り、天の教会は、神を直観する至福のうちにも、その顔を地に向けて、最後の一人が天の共同体に入る時まで、人々の救いに心を配ります。イエスは「わたしは去って行くが、あなたがたの所に来る」と言われました。聖人たちは彼と共にこの世を去りましたが、それは戻って来るためです。リジューのテレーズは、「あなたは天の高みから私たちを眺めるのでしょう」と言われた時、「いいえ、私は降りてきます」と答えました。また別の機会には、「私は私の天を地上で過ごすことになるでしょう」[194]と言っています。天の教会は、地上の教会以上に、「天のエルサレム、わたしたちの母」（ガラテヤ4・26参照）であって、分娩の苦しみの中にあります。神のみ前にあって私たちのために執り成しておられるキリストと共に、[195]天の教会は懇願し、聞き入れられたことを感謝しています。聖人たちは私たちを待ち、引き寄せ、「永遠の天幕の中に」（ルカ16・9）受け入れてくれます。他の人たちの天幕の中で、私たちは自分の家にいることになります。私たちを愛し、私たちが愛する人々が私たちの祖国となります。[196]

194　リジューの聖テレーズ『最後の対話』。
195　ローマ8・34、ヘブライ7・25。
196　リジューの聖テレーズ『最後の対話』「聖人たちは皆私たちの両親です」。

充足しえない充足

天は創造の頂点です。人間は天に達しても、天への上昇をやめません。「昇る者は、決して停止しません。彼は始点から始点へ、決して終点を持たない始点を通っていきます」。[197] 最後の日に約束された御子との交わりに招かれた人々は、招きによってかつてなく聖なる者です。[198] 終点に達しつつ招かれています。恵みは満たし、満たしつつ招きます。「最も逆説的なことは、静と動が同じことであるということです」。[199]

所有は永続する幸福を約束することはできません。人は遅かれ早かれ、それに飽きてしまうでしょう。天の幸いは、願うこととかなえられることが、いつも今、同時に起ることから湧き出ます。神のみ顔の美しさはくみ尽くせぬものです。人はそれを飲んでもなお渇きます。[200]「神には限界がありません。見いだしてもなお探し求めなければなりません」。[201] 天の幸いである聖霊は、交わりであると同時に交わりの追求、愛であると同時に願望です。充足しえない充足が、完全な幸いのしるしです。

人間は今や神の子としての充満に達しました。けれども生まれることをやめるわけではありません。人間の充満は、永遠にこの誕生の内にあります。イエスは、死を通して、人間としての存在のすべてにおいて、自分の永遠の神的根源に達しました。彼は永遠に御父

197　ニュッサの聖グレゴリオス『雅歌講話』PG44. 941.
198　ローマ1・7、一コリント1・2。
199　ニュッサの聖グレゴリオス『モーセの生涯』。
200　聖イレネオ『異端反駁』IV. 11, 2.「神はいつも変わらないが、神のうちにいる人間は、絶えず神に向かって進む。神は絶え間なく人間を満たし、富ませ、人間は絶えず神によって満たされ、富まされる」。
聖ベルナルド『雅歌講話』84「天的所有は願望を消さず、かえって広げる」。
リジューの聖テレーズ『詩』33。
「私はあなたを限りなく　掟もなしに愛します
私の幸せは、絶え間なく
いつも新しく、初めのときと同じように見えるでしょう」。
201　聖アウグスティヌス『ヨハネ福音書講解説教』tract. 63, 1.

の胎内での誕生の瞬間を生きています。彼と共に、彼の内に、人間は自分自身の根源に生きています。終点に達した彼らは、終わりなく誕生し始めます。

彼らは、もはや死ぬために生まれるのではありません。時間は、もはや彼らを墓に運びません。彼らはキリストと共に、自分の死そのものの中で生まれるからです。イエスは死の意味を逆転させ、死を誕生に変容させせました。同時に彼は時間の意味を逆転させました。時間は過ぎ去るものではなく、やって来るものです。

天の時間は、天上のすべての事象と同じく、キリスト的、三位一体的です。天で、人は過ぎ越しの時――聖ヨハネが語る「時」――を生きます。それは神が、「あなたはわたしの子、わたしは今日あなたを産む」と言われ、イエスをその死から復活させた時です。人間の永遠性は、神の御子の内における誕生の永遠性です。キリストと共に、人間は三位一体の永遠性の中に取り込まれます。三位一体の永遠性は、凝結した瞬間、NUNC SEMPER STANS、すなわち永遠不動の今ではありません。それは、生成の持続です。ただし、神の生成ということを語りうるとするならですが、聖霊の内なる御父による御子の産出の持続、初めと終わりが唯一である生成の持続です。天の生が永遠をくみ取るのは、そこにおいてです。[202] 天の時は凝結していないとはいえ、流れてもいません。天の時は、上昇し頂上から上昇します。至福の瞬間は、絶え間なく無化するのではなく、自己の源泉によって満たされます。この世ですでに、人間の内に御父と御子と聖霊の御名が刻まれた時から、永遠は人間の中に注入され始めました。

「死者の復活と来世のいのちを待ち望みます」。[203] キリストの復活の福音は宣言され、永遠の命は始まり、「救いは現れ、使徒たちは理解し、主の復活は近づき、時は満ち、宇宙

202　空間と時間という二つの宇宙的次元は、三位一体の神秘の二面を表現していると考えることができないだろうか。神が産む御子、神がそこに住まう御子は空間の起源であり、御父がそこで御子を産む場である聖霊は時間の起源ではなかろうか。御父はこの空間とこの時間の内に生きておられる。

203　ニケア・コンスタンチノープル信条。

の秩序は据えられる」。[204] 信ずる者はすでに永遠の食卓を囲んで集まっています。彼らは、聖霊の火で焼かれた神のパン（ヨハネ6・33）で養われています。彼らは「父である神と主イエス・キリストとに結ばれている教会」（一テサロニケ1・1）を形成します。それは、その人間的弱さにもかかわらず、永遠の共同体の前表です。

エウカリスチアは預言的です。アンティオキアの聖イグナティウスは、それを天上で祝うことを待ちかねていました。「私が食べたいのは、天のパン、ダビデの子イエス・キリストの肉です。私が飲みたいのは、腐敗しない愛である彼の血です」。[205] 典礼の中で、地上の教会は、自分自身の最上の部分である天の教会との相互浸透のうちに生きています。[206]「神の国全体、すなわち聖人たちの共同体が、大祭司によって、宇宙的献げ物として捧げられる」[207] その日まで。

結び

終わりの時――誕生である死の時、誕生が完成する裁きと復活の時、誕生が永遠に続く天の時――これらの時は終わりであると同時に始まりです。人間はその中に沈み、沈みながらそこに向かって上昇します。頂点であり根源である最後の時は、人生に意味を与えます。

204 『ディオグネトスへの手紙』。
205 聖イグナティウス『ローマの信徒への手紙』7・3。
206 トレント公会議　第13総会第八章1649　信ずる者が、「今秘跡のヴェールに覆われて食すこの同じ天使のパンをヴェールなしに食べることができるように」。
207 聖アウグスティヌス『神の国』X,6.

キリスト者たちは、ごく早い時期から、週の初めの日、日曜日を自分たちのものとし、特別にキリスト者の日と定めました。その日は「主の日」(黙示録1・10)と呼ばれました。「主」は、復活の栄光のうちにあるイエスに与えられた称号です。「あなたがたが十字架につけて殺したイエスを、神は主とし、またメシアとなさったのです」。[208] この称号は、最後の日の顕現におけるキリストの称号でもあり、最後の日もまた、「主の日」と呼ばれます。

したがって、日曜日は、週の初めの日であり、八日目であり、初めの日であり、終わりの日です。「週の初めの日は、すべての日の初めでありながら、八日目と呼ばれますが、そのために初めの日でなくなることはありません」。[209] 復活において、キリストは初めですが、終わりの日に顕現することになる主として最後でもあります。神が人間のために産んだこの人は、彼らの週のアルファでありオメガです。

キリストの復活の記憶に、初代キリスト者たちは、創造の初めの記憶を結びつけました。「私たちは太陽の日(日曜日)に集会をします。なぜならその日は、神が、闇から物質を引き出し、世界を創造した日であり、この同じ日に、私たちの救い主、イエス・キリストが、死者の中から復活したからです」。[210] 救いの歴史、キリストがそのアルファでありオメガである歴史は、神が世を創造する日に始まります。

地はその初めから、イエスの復活と死者の復活がその収穫である種を受けています。ご自分の「栄光の反映であり、本質の完全な現れである」（ヘブライ1・3参照）御子の内に、ご自分から出て内在される神は、創造において、ご自分から出られます。愛である聖霊の内に、

208　使徒言行録2・36、ローマ10・9、フィリピ2・9〜11。
209　聖ユスチノ『トリュフォンとの対話』41・4。
210　聖ユスチノ『第一弁証論』67・7　教会の現行の典礼はこの伝統に忠実にとどまっている。12月31日のエウカリスチアでは、ヨハネ福音書のプロローグが朗読される。「初めに言があった……すべては彼によって造られた」（ヨハネ1・1〜3参照）。同じ日、教会は祈願する。「全能永遠の神よ、あなたは人間のあなたに向かうすべての努力が、その始まりと完成を御子の受肉の中に見いだすように望まれました。ご自分のうちに人類の救いを要約するキリストの中に、私たちが数えられますように」。

御父は御子を産み、同じ霊の内に、御父は世を創造されます。[211] 神の内的な神秘は外在化し、神は御ひとり子に対する愛のあふれのうちに世を創造されます。神は万物、特に人間を、御子との関わりのうちに創造されます。「万物は御子によって、御子のために造られました」（コロサイ1・16）。創造は受肉の第一歩、世における御子の出産の遠い前奏曲です。神がイエスを復活させ、彼と共に人類を復活させる時、創造はその頂点に達します。

人間は、神が世に産み、死を通して最終的充満に導いた御子の内に自分の意味を見いだします。第一と第八の日、主日は、その祝祭の中で、創造の始めと終わりの復活を結びつけます。

「あの世」について語ることは、創造主である神が世に産んだ永遠の御子との関わりのうちにある人間について語ることです。神はご自分の名を人間の名に付けました。神は人間を、神である人間、[212] 神の子である人間としました。

最後の時と言うとき、ただ未来に思いをはせるべきではありません。明日とは今日のことであり、「あの世」は現在の深奥に宿っています。キリストの過越、死、パルージアと復活と裁きの時は、毎日のことであり、天は善人の中に宿っています。究極の誕生の日は、私たちが老いていく年月の流れに逆らって近づいてきます。

❖

地上の時間は、逆説的に生きられ、薄れゆくと同時に充実し、「重みのある永遠の栄光」（二コリント4・17）をまとってきます。生は死に向かって無化しつつ、常により新しい誕生に向かって舞い上がります。時間は過ぎ去りつつ、人間の中に永遠を刻みます。死と生はその業を同時に進行させます（二コリント4・10〜12）。「たとえわたしたちの『外なる人』は衰えていくとしても、わたしたちの『内なる人』は日々新たにされていきます」（二コリン

211　聖トマス・アクィナス「愛の鍵が彼の手を開き、そこから被造物を出した」。
212　聖ベルナルド『公現について説教』「神は我々にご自分の善意のなんと大きなしるしを与えたことか……人類に神の名を加えるために、これほど配慮したとは」。

ト4・16)。完全な主の日となる最後の日、主と私たちの誕生の日まで。

その時「死は勝利にのみ込まれた」(一コリント15・54)と書かれている言葉が実現します。破壊者としての死と、過ぎ去る時間は同じ秩序、すなわち、はかなさと絶え間ない断絶という秩序に属しています。しかし外見を超えたところで、万物の交わりの場である永遠が現成しています。

肉であると同時に霊であり、一時的であると同時に永遠の存在であるという、自己のパラドックスを意識する人間は、どうすべきでしょうか。「あの世」は彼を、地上の現実の外への逃走に招きません。なぜなら「あの世」は、人間の存在とその人生の土台を成しているからです。「あの世」は、逃走に招くのではなく、浸透されるままになり、深みから自己を実現するように招きます。

「天の国はパン種に似ている。女がこれを取って三サトンの粉に混ぜると、やがて全体が膨れる」(マタイ13・33)。神の子が世に生まれ、パン種が練り粉の中に入ります。けれどもパン種が練り粉を膨らませるためには、練り粉をこねる必要があります。

神が御子を産んだのは聖霊により、世が神の子となるのも聖霊によります。聖霊は、私たちの心に注がれた愛です。練り粉が膨らむためには、人が神の子として生まれるためには、聖霊によって耕され、神的な愛にこねられるに任せる必要があります。

愛は天的な現実、愛は永遠、「愛は決して滅びない」（一コリント13・8）。けれども愛が働くのは、地上の現実の中において、過ぎ去る時の中においてです。「あの世」は逃走に招きません。この人生を貪欲な気遣いをもって開拓するように招きます。「時をよく用いなさい」（エフェソ5・16）。時間の河は流れ去りますが、永遠の黄金を運んでいます。

パウロは言います。「あなたがたの内におられるキリスト、栄光の希望です」（コロサイ1・27）と。キリストは私たちの内におられると同時に、来るべき方です。キリストは深奥であり、未来です。神の子の死と復活の神秘は、人間の神秘、意味を与える人間の「あの世」です。

人間の「あの世」は、死と生に過ぎ越しという意味を与えます。それは愛です。愛は死と生の意味です。キリスト者はこの良き知らせをもたらす責任を負っています。それを知らせるよう駆り立てられています。それを知らない人々に、彼は言います、「あなたがたの内にはより大いなるものがある！」と。

なぜなら私たちは皆、神の子だからです。

著者紹介　F. X. デュルウェル（F. X. Durrwell）

1912年、フランス、アルザス州スウルツに生まれ、1931年レデンプトール会に入会。ローマのグレゴリアナ大学、教皇庁立聖書研究所に学び、リヨンならびにヒテルナッハのレデンプトール会神学院で聖書を講じた後、ブリュッセルのルーメン・ヴィテ研究所およびメッツ大学の宗教教育センターの特任教授を務める。2005年10月15日、帰天。

死後《しご》の世界《せかい》を見《み》つめて

——キリスト者《しゃ》にとって「あの世《よ》」とは——

著　者——F. X. デュルウェル

訳　者——泰阜《やすおか》カルメル会修道院

監　修——小高　毅

発行所——サン パウロ

〒160-0011 東京都新宿区若葉1-16-12

宣教推進部（版元） Tel. (03) 3359-0451　Fax. (03) 3351-9534

宣教企画編集部　Tel. (03) 3357-6498　Fax. (03) 3357-6408

印刷所——日本ハイコム㈱

2019年7月30日　初版発行

ISBN 978-4-8056-3917-7　C0016（日キ販）

落丁・乱丁はおとりかえいたします。